*Lírica española
de tipo popular*

Letras Hispánicas

Lírica española de tipo popular

Edad Media y Renacimiento

Edición de Margit Frenk

DECIMOCUARTA EDICIÓN

CATEDRA

LETRAS HISPANICAS

1.ª edición, 1977
14.ª edición 2008

Ilustración de cubierta: Oscar Benedí

© Ediciones Cátedra (Grupo Anaya, S. A.), 1977, 2008
Juan Ignacio Luca de Tena, 15. 28027 Madrid
Depósito legal: M-12.055-2008
ISBN: 978-84-376-0096-3
Printed in Spain
Impreso en Huertas I. G., S. A.
Fuenlabrada (Madrid)

Cuanto más chiquitica,
madre, la rosa,
cuanto más chiquitica,
más olorosa.

Lorenzo Matheu y Sanz,
Varios versos (1666)

Para Silvia, Gerardo, Claudio

Introducción

> De los sos ojos tan fuertemientre llorando,
> tornava la cabeça i estávalos catando...

¡Cuántas generaciones de lectores se han emocionado con estos versos, que marcaban el nacimiento de la literatura en España! El admirable *Poema del Cid* estaba ahí, impo ente, en el principio de todo. Imposible parecía que algo pudiera llegar a arrebatarle esa gloria. Y sin embargo, hace veintinueve años, a nosotros mismos nos ha tocado presenciar el milagroso descubrimiento que hizo cambiar de golpe nuestra perspectiva. La literatura española comenzaba un siglo antes, y de qué distinta manera: no con el grandioso poema épico, sino con un pequeño *corpus* de minúsculas estrofitas líricas; no con el solemne paso de las huestes del Cid, sino con la modesta voz de una muchacha enamorada; no en Castilla, sino en tierra de moros.

Las jarchas

Recordemos brevemente los hechos. Desde tiempo atrás se tenían noticias del refinado invento de Mocáddam de Cabra, poeta árabe del siglo IX: había creado la *muwáshaha*, artificioso poema en árabe clásico, que debía rematar en una estrofa *(jarŷa)* escrita en lenguaje callejero, ya fuera árabe vulgar, ya el romance de los cristianos. Por el mismo contraste de estilos, esa avulgarada estrofilla debía dar al poema su "sal, ámbar y azúcar".

Se conocían gran número de muwáshahas con remate en árabe vulgar y apenas indicios borrosos de algún rema-

11

voz de mujer
confidencia a alguien más
cancioncillas de amor

te en español. Pero en 1948 el hebraísta Samuel M. Stern reveló al mundo veinte jarchas escritas en lengua romance, que figuraban en muwáshahas hispano-hebreas de los siglos XI a XIII; la más antigua parece ser anterior al año 1042. Y esas pequeñas estrofas resultaron ser encantadoras cancioncillas de amor puestas en boca de una muchacha: ingenuos lamentos de ausencia, dolorosas súplicas al amado (designado con el arabismo *habibi*), apasionadas confidencias a la madre y a las hermanas...

El increíble hallazgo trajo su secuela de comentarios y de nuevos descubrimientos. Emilio García Gómez, el propio Stern y otros investigadores han ido desenterrando más jarchas mozárabes en muwáshahas árabes, y hasta la fecha se conocen sesenta y cuatro[1]. No es mucho, pero sí bastante para darnos una idea de los caracteres básicos de esa poesía, de su lenguaje, sus temas, su ambiente poético. (Véanse en esta Antología los números 2-21.)

mozárabe = dialecto románico

La lengua de las jarchas es el mozárabe, dialecto románico hablado por los cristianos que vivían en la España musulmana, por los judíos y por los árabes bilingües. Aislado del resto de los dialectos peninsulares, no evoluciona a la par de ellos y mantiene muchas formas arcaicas; además abunda en arabismos, como puede verse en las jarchas mismas.

Se ha discutido si las jarchas corresponden a una realidad viva: si son o no canciones que se cantaban entonces, si son o no canciones "populares". Las más autorizadas opiniones concuerdan hoy en afirmar su carácter popular. En todo caso hay un hecho indudable: las jarchas reflejan, directa o indirectamente, una tradición poético-musical de tipo folklórico. La prueba decisiva de este hecho está en sus muchas coincidencias te-

---

[1] No todas han sido plenamente descifradas. Como los poemas mismos en que figuran, las jarchas aparecen en los manuscritos en caracteres hebreos y árabes. La falta de signos para ciertas vocales, en ambos alfabetos, y las frecuentes equivocaciones de los copistas que desconocían la lengua romance, suelen hacer la trasliteración muy difícil y problemática. A ello se añade nuestro incompleto conocimiento de la lengua mozárabe.

tradición poético – musical
de tipo folklórico.

máticas, estilísticas y métricas con otras manifestaciones medievales de tipo popular. Las canciones mozárabes pertenecen al género más característico de la primitiva lírica europea en lengua vulgar: la canción de amor femenina. Son compañeras del *Frauenlied* alemán, de la *chanson de femme* francesa, de la *cantiga d'amigo* gallego-portuguesa, del "cantar de doncella" castellano y catalán. Las coincidencias no se limitan a esa filiación general. Así, entre las *chansons de femme* que se recogen en Francia en los siglos XIII y XIV hay algunas notablemente parecidas a las jarchas, no sólo por su forma y sus temas, sino por su estilo mismo. Compárese solamente la jarcha número 15 con un *refrain* francés del siglo XIII:

Gar, ¿qué fareyo?   O! que ferai?
¿cómo vivreyo?   D'amer morrai,
Est'al-habib espero,   ja nen vivrai...
por él murreyo.

Las cantigas d'amigo

Si en Francia encontramos tan sorprendentes paralelos con las jarchas, ¿qué no será en España? Precisamente ellas han venido a comprobar definitivamente la raíz folklórica de muchas *cantigas d'amigo* gallego-portuguesas. Recordemos que en los siglos XIII y XIV los trovadores del Occidente hispánico crearon una escuela poética que seguía de cerca los procedimientos, la técnica y el espíritu de la poesía provenzal. La humilde sumisión del poeta a la mujer, siempre altiva y desdeñosa, el sentimentalismo razonador, la compleja versificación dominan en la *cantiga d'amor* y en buena parte de las *cantigas d'amigo*. Pero evidentemente ese arte, cada vez más artificioso, no alcanzaba a colmar las necesidades expresivas de los trovadores portugueses, y, por milagrosa intuición, encontraron una fuente viva de poesía en los cantos de la gente de su tierra. De ellos tomaron la voz cándida de la muchacha enamorada, tan opuesta a la soberbia de la dama provenzal; de ellos,

13

las quejas por la ausencia o infidelidad del amado, la presencia mágica del mar y de los pinos, del ciervo y la fuente; de ellos también la técnica del paralelismo y del *leixa-pren*². Depurando esos elementos, estilizándolos con hondo sentido poético, Martin Codax, Joan Zorro, Pero Meogo, el Rey Denís, Nuno Fernandes Torneol y otros trovadores y juglares de aquella escuela crearon una lírica que está entre lo más alto, no sólo de la poesía medieval, sino de la de todos los tiempos y países. (Véanse números 23-53.)

A nosotros hoy, que conocemos las canciones de Lope de Vega, de García Lorca o Alberti, nos puede parecer natural ese aprovechamiento de la canción popular. Pero pensemos en lo que ello significó en pleno siglo XIII y en un ambiente cortesano. Era contravenir todos los preceptos y supuestos de la buena poesía, que para serlo debía ajustarse no sólo a la ideología del "amor cortés", sino a un sabio y complejo refinamiento técnico. Significaba también un curioso y casi anacrónico "nacionalismo" poético, una franca rebelión contra la hegemonía literaria de Provenza.

Los autores de muwáshahas hebreas y árabes quedaban en este sentido muy atrás. Su utilización de los cantarcillos callejeros fue una travesura poética, una pícara "salida de tono"; era un malabarismo con el cual, al final del poema, se le daba un giro inesperado a todo él. Pero los poetas gallego-portugueses hicieron algo muy distinto con los cantares del pueblo: no ya ponerlos al servicio de composiciones cultas, sino utilizar sus temas y motivos, su métrica y su estilo; partir de ellos para crear una nueva poesía (algo así como lo que haría García Lorca). Esto supone una valoración mucho más honda del canto vulgar, valoración insólita en la Edad Media.

---

² Paralelismo es la repetición variada de una estrofa; al repetirse ésta suelen variar únicamente las palabras que riman. *Leixa-pren* o encadenamiento es la creación de una nueva estrofa que repite al principio el final de la anterior. Pueden verse ambos procedimientos combinados en el número 26 de esta Antología.

Por un lado folklore /
cántigas d'amigo / poesía culta
artificiosa
aristocrática.

Otros testimonios medievales

Es comprensible que, a pesar de sus extraordinarios hallazgos poéticos, las cantigas d'amigo no crearan una tradición en la poesía culta de la Península. Encontramos ecos aislados de ellas en otras partes: algunas canciones catalanas con paralelismo y leixa-pren, como la viadera de Cerverì (ca. 1270), y en Castilla el famoso "cosaute" del almirante Diego Hurtado de Mendoza (véanse los números 54, 55, 58, 59). Pero la primera escuela lírica castellana (siglos XIV-XV), que es en parte heredera de la gallego-portuguesa, no quiere saber nada de la cantiga d'amigo ni de los elementos folklóricos, puesto que se afana en producir una poesía altamente artificiosa y aristocrática.

Para conocer otros testimonios medievales de la poesía lírica cantada en el campo y las ciudades durante esos siglos, debemos volver los ojos en otra dirección: hacia las crónicas[3]. Algunas de ellas, sobre todo la *Chronica Adefonsi Imperatoris (ca.* 1150), hablan de cantos entonados por soldados, de canciones de bienvenida, de boda, de muerte; aunque, por desgracia, sin citar ejemplos. El Tudense, en cambio, recoge en su Crónica (1236) un cantarcillo que parece ser el más antiguo canto popular hispánico fechable: se refiere al año de 998. Pertenece a un género —la sátira política— totalmente distinto de la canción de amor femenina; dentro de él se inscriben también el cantarcillo portugués que registra don Juan Manuel y los fragmentos líricos recogidos un siglo después *(ca.* 1435) por el cronista portugués Fernão Lopes (cfr. números 1, 22, 56, 57). Había además cantares —paralelos en cierto sentido a los romances "noticieros"— que aludían a acontecimientos de diversa índole y que por ello suelen ser fáciles de fechar. Así, el

---

[3] Cfr. RAMÓN MENÉNDEZ PIDAL, "La primitiva poesía lírica española", en *Estudios literarios*, Madrid, 1920 (hay reedición en la Colección Austral), y "Sobre primitiva lírica española", en *De primitiva lírica española y antigua épica*, Col. Austral, número 1051.

folklórico vs. culto...

de "¡Oh, Castillo de Montanges...!", la hermosísima endecha a Guillén Peraza, o el cantar de los Comendadores (números 60-62), alusivos a sucesos anteriores a 1450, aunque recogidos mucho después.

La dignificación renacentista

Y esto es prácticamente todo, aunque en la literatura medieval encontramos algunos otros vestigios, menos seguros, de la lírica popular[4]. Por fortuna, poco después de 1450 la cultura española abrió nuevamente sus puertas a aquella lírica, y esta vez de manera más radical y definitiva. Las causas de tan súbita valoración han sido admirablemente expuestas por Américo Castro en *El pensamiento de Cervantes:* uno de los aspectos claves de la ideología renacentista es la idealización del hombre primitivo, al que se creía cercano aún a Dios, libre de los vicios que la civilización provocó en la humanidad. De ahí nacen a la vez mitos como el de la "Edad de Oro" o el del "Buen salvaje" y el aprecio por los brotes del ingenio y la fantasía del vulgo (refranes, cantares, juegos infantiles). Toda Europa pasa entonces por esa misma experiencia vital. Parece, sin embargo, que en España ella se produjo de manera más honda y prolongada que en los demás países. Toda la literatura hispánica de la gran época, desde la *Celestina* hasta Calderón, está atravesada por una veta popularizante, sin la cual no sería lo que es.

---

[4] Desde hace tiempo se ha venido hablando de la cántica "Eya velar" incluida en el *Duelo de la Virgen* de Berceo como de un remedo de las canciones populares, concretamente de los cantos de veladores (cfr. R. Menéndez Pidal, "La primitiva poesía...", *op. cit.*). Daniel Devoto ha puesto en tela de juicio esa interpretación, adscribiendo la cántica, con muy buenos argumentos, a la vigilia litúrgica (cfr. *Bulletin Hispanique*, 65, 1963, págs. 206-237). No está excluida la posibilidad de que ciertas canciones populares resonaran en la mente de Berceo al escribir la cántica. Pero se trataría en todo caso de reminiscencias demasiado vagas e imposibles de determinar.

16

A la dignificación de la canción lírica de tipo popular[5] debemos la conservación de un sinnúmero de cantares medievales, castellanos sobre todo, pero también portugueses y catalanes. Uno de los primeros testimonios fechables es el *Cancionero de Herberay des Essarts (ca.* 1463), recopilado en la corte de Juan II de Navarra y Aragón. Ahí se incluyen, entre muchas poesías en estilo cortesano, algunos estribillos de sabor marcadamente popular (cfr. nuestro número 176), aunque no podemos asegurar que fueran auténticos. Vemos ya en esta etapa una de las formas más frecuentes de utilización literaria de la canción popular durante el Renacimiento: se desprendía la estrofita inicial de la canción y se la desarrollaba nuevamente en el estilo de la poesía culta al uso, sazonado a veces con rasgos popularizantes.

Esas canciones híbridas abundan en el gran *Cancionero musical de Palacio*, de fines del siglo XV y comienzos del XVI. He aquí un ejemplo:

> Niña, erguídeme los ojos
> que a mí enamorado me han.
>
> No los alcéis desdeñosos,
> sino ledos y amorosos,
> que mis tormentos penosos
> en verlos descansarán.
>
> De los muertos hacés vivos
> y de los libres cativos;
> no me los alcés esquivos,
> que en vellos me matarán.

Durante el siglo XVI estos desarrollos más o menos cultos de estribillos populares serán cultivados por muchos poetas, entre los cuales destacan los valencianos Juan Fernández de Heredia y Juan Timoneda, los portugueses

---

[5] Puede verse más en detalle en mis *Estudios sobre lírica antigua*, y en *Entre folklore y literatura* (cfr. más adelante, Bibliografía mínima).

Sá de Mirada, Camoens, Andrade Caminha, y también algunos castellanos como Castillejo y Sebastián de Horozco. Hacia fines del siglo y comienzos del XVII el género cambia su nombre habitual de "canción" o "villancico" por el de "letra", "letrilla" y recibe gran impulso de manos de Lope de Vega y los poetas de su generación.

Más o menos contemporáneo del *Cancionero de Herberay* es el "Villancico" atribuido a Santillana, primera muestra de un género poético-musical que hará amplio uso de los cantares folklóricos: el que en el siglo XVI recibirá el nombre de "ensalada" (o "ensaladilla"). Son poemas más o menos extensos en los cuales se engarzan ingeniosamente los cantarcillos (o a veces refranes, versos de romances, etcétera). Sirva de muestra un fragmento de la *Ensalada de la flota* de Fernán González de Eslava, el dramaturgo y poeta novohispano, que en el siglo XVI cultivó ese género con especial fortuna:

> ...¡Ah de navío!, ¡ah de nao!
> —¿Quién llama?, ¿quién sois, hermano?
> —Yo soy el género humano;
> dad acá la barca, ¡hao!,
> que encallado en el Callao
> estoy con cien mil enojos:

> *Por la mar abajo*
> *van mis ojos;*
> *quiérome ir con ellos,*
> *no vayan solos.*

> —Marinero,
> ¿qué nao?, que embarcarme quiero.
> —Entrá en la nao de la fe.
> —¿Y en esotra no? ¿Por qué?
> —Porque Dios es pasajero.

> —*Pásesme, por Dios, barquero,*
> *de esotra parte del río,*
> *¡duélete del dolor mío!*

—Dime tú,
¿estas naos van al Pirú?
—Sabed que van a Belén,
que son las Indias del bien
que nos descubrió Jesú.
—¿Quién es la nao capitana
que lleva tal compañía?
—Es la bendita María,
hija de Joaquín y Ana.
—¡Oh, Princesa soberana!
De vos diré este loor:

Esta nave se lleva la flor,
que las otras no...

Como otras muchas "ensaladas" de la época, ésta consiste en una alegoría religiosa. La poesía religiosa europea había utilizado la canción folklórica incluso antes de mediados del siglo XV, y hacia fines de ese siglo Juan Álvarez Gato, fray Íñigo de Mendoza y fray Ambrosio Montesino consagraron definitivamente dos tipos de poesías híbridas: las que desarrollan con temática religiosa un cantar popular profano y las "versiones a lo divino". Ambos procedimientos llegarán a un extraordinario auge poético con Lope de Vega, Valdivielso y algunos otros contemporáneos. De Valdivielso es esta versión a lo divino del cantar "A la sombra de mis cabellos / mi querido se adurmió: / ¿si le recordaré o no?":

A la sombra del trigo bello
mi querido se me escondió:
¿si le tengo de hallar o no?

Por probar mi fe constante
y si guardársela sé,
entre el trigo de la fe
se escondió mi lindo amante.
Espigas puso delante
con que todo se me escondió:
¿si le tengo de hallar o no?

Lírica profana y popular (profana)
usan esas cancioncillas.

Así, desde el siglo xv al xvii la lírica profana y la religiosa saben extraer sustancia poética de la pequeña, fugaz cancioncilla del pueblo. Como toda moda, ésta pudo caer en manos de versificadores poco afortunados; pero también dio brotes de gran belleza. Los produjo igualmente en el teatro, y desde sus comienzos mismos. Las hermosísimas canciones castellanas y portuguesas de tipo popular que Gil Vicente incorporó a sus obras dramáticas les prestan a cada paso matices de lirismo y misterio, de gracia y travesura. No se limitó Gil Vicente a las estrofitas iniciales, como los poetas líricos, sino que a menudo acogió, o recreó con fabuloso acierto, las estrofas que el pueblo cantaba a continuación de ellas.

Los dramaturgos posteriores a Gil Vicente usaron poco los cantares tradicionales. Sólo con el teatro de la gran época recuperan su importancia, y sus funciones se diversifican. Las comedias de Lope, Tirso o Vélez, los autos sacramentales del propio Lope y de Valdivielso, los entremeses y los bailes dramáticos sacan rico fruto de las cancioncillas folklóricas. Éstas eran casi obligatorias en los cuadros de ambiente rústico: bastaban ellas solas para crear la atmósfera adecuada. Otras veces un cantar podía servir de comentario elocuente o de anticipación misteriosa de los sucesos (recuérdese el *Caballero de Olmedo* de Lope) o influía en el curso mismo de la acción: la lírica popular fue en el teatro mucho más que un simple elemento decorativo.

No menudean los cantares de tipo folklórico en los demás géneros literarios; sin embargo, nuestras fuentes no se limitan, por fortuna, a los cancioneros poéticos y al teatro. Abundan los cantares tradicionales, incluso con sus estrofas glosadoras primitivas, en cancioneros polifónicos como el ya mencionado de *Palacio*, el de *Upsala* y los del admirable músico Juan Vásquez, lo mismo que en los "libros de vihuela" de Luis Milán, Narváez, Mudarra, Fuenllana. Los hay también en el tratado *De musica* de Francisco Salinas, el músico ciego celebrado por fray Luis de León. Otros tratados y obras eruditas vienen a acrecentar nuestro caudal: el de Rodrigo Caro sobre los juegos infantiles (*Días geniales y lúdricos*, 1626), el de Gonzalo Correas sobre gramática y versificación (*Arte de la lengua española castellana*, 1625), el *Tesoro de la lengua castellana* (1611) de Covarrubias, las muchas colecciones de refranes, desde Vallés (1549), Hernán Núñez (1555), Mal Lara (1568), hasta la riquísima de Correas (*Vocabulario de refranes y frases proverbiales...*), que constituye nuestra fuente más importante.

＊   Todas estas obras reflejan el interés humanístico por el arte del pueblo. Otras, en cambio, reflejan la moda, en sus manifestaciones cotidianas. *El cortesano* del músico Luis Milán (1561) nos muestra a la nobleza y alta burguesía de Valencia cantando, citando, parodiando a cada paso los cantares populares; por el *Libro de la vida y costumbres* de don Alonso Enríquez de Guzmán sabemos que también en la corte de Carlos V se estilaban esas citas; Ferreira de Vasconcelos, Camoens y otros autores revelan análoga tendencia en Portugal. Hasta en los conventos pudo penetrar el gusto por lo popular, a tal punto que Francisco de Yepes, hermano de San Juan de la Cruz, oía en sus raptos místicos que los ángeles y santos cantaban coplillas de sabor rústico. Y recordemos los deliciosos cantares compuestos por Santa Teresa. No fue, pues, una moda puramente literaria, sino una inclinación general de los gustos, algo que "estaba en el aire" y que podía manifestarse de maneras muy diversas.

Dentro de la literatura esa inclinación se manifestó, no sólo en la utilización directa de cantares, sino en la imitación de su estilo, en la confección de "pastiches", a menudo afortunados. Esto, como hemos visto, parece haber ocurrido desde los comienzos mismos de la dignificación. A veces esas recreaciones se distinguen claramente de los textos auténticos, pero otras muchas las fronteras se borran, y no sabemos ya qué es antiguo, qué reciente. No lo sabemos, porque por una parte la familiaridad que con el estilo folklórico llegaron a tener muchos poetas y la brevedad y sencillez de los cantares

21

hacían fácil la imitación atinada, y por otra no nos es dado conocer directamente lo que se cantaba en España en la Edad Media, tal como se cantaba de hecho entre el pueblo. Siempre hay que contar con la posibilidad de que aquello que creemos antiguo haya sido en realidad compuesto por un literato renacentista.

Creación de la moderna lírica popular

En los últimos años del siglo XVI y las primeras décadas del XVII, es decir, en el periodo lopesco, esa imitación se practicó tan sistemáticamente, que cabe hablar de toda una "escuela" poética semipopular. "Semi", porque a los motivos y rasgos estilísticos folklóricos venían a unirse, en dosis variable, una serie de elementos de la literatura culta contemporánea.

En ese nuevo espíritu se escribieron muchos estribillos de letrillas y de romances y además se creó todo un género, que llegaría a tener enorme importancia, lo mismo dentro de la literatura contemporánea que en la poesía folklórica de los siglos subsiguientes: la *seguidilla*. Aunque el nombre era nuevo, su molde métrico (cuatro versos, de los cuales comúnmente los nones son de 6 ó 7 sílabas y los pares —que llevan la rima— de 5) era tan antiguo como las jarchas. Pero, de hecho, hasta antes de 1595 no había pasado de ser una forma entre tantas, sin ningún predominio especial. Hacia ese año comenzó la moda de las seguidillas, que alcanzó en muy poco tiempo un auge extraordinario. Imbuidas de un espíritu nuevo, muy de acuerdo con la poesía del momento, las seguidillas se improvisaban, se cantaban y se bailaban en todas partes. Se cantaban *seguidas*, en largas series ininterrumpidas, sin necesaria conexión temática. En unos cuantos años conquistaron los ambientes estudiantiles y los rufianescos e invadieron la literatura, transformando a la letrilla y al romance nuevo y convirtiéndose en el alma del teatro musical (entremeses, bailes, mojigangas).

22

fuerza de la seguidilla

Fue tal la fuerza de la moda, que la seguidilla, generalizada por toda España, desplazó a las formas antiguas del folklore lírico musical. Junto con la cuarteta octosilábica, igualmente antigua en cuanto a su forma y moderna en su espíritu, la seguidilla se enseñoreó de la poesía popular de los siglos subsiguientes. En el seno mismo de la literatura que dio acogida a la canción folklórica medieval nació, pues, la poesía que acabó con ella. Y acabó radicalmente, sin dejar de ella más que algún vago recuerdo, alguna reliquia excepcional[6].

Veamos varias muestras del género que revolucionó a la lírica popular española, para después deducir, por contraste, el carácter de la poesía medieval por él suplantada. Todas son seguidillas de fines del siglo XVI y primeros decenios del XVII y figuran en varios cancioneros impresos o manuscritos y en obras de teatro (de Lope, por ejemplo). Nótese de paso que muchas de ellas podrían pertenecer al folklore actual. *La seguidilla*

Blancas coge Lucinda
las azucenas,
y en llegando a sus manos
parecen negras.

A la sierra viene
la blanca niña,
y en arroyos la nieve
huye de envidia.

Ojos matadores
tenéis, señora.
¿Cómo la justicia
no los ahorca?

Una flecha de oro
me tiró el Amor:
¡ay Jesús! que me ha dado
en el corazón.

Manojitos de hinojo
coge la niña,
y sus ojos manojos
de flechas tiraba.

Arco son tus cejas,
tus labios coral,
tus dientes son perlas,
tu pecho cristal.

¡Cómo cantan las aves
en la ribera
cuando sale la aurora
lucida y fresca!

En la cumbre, madre,
canta el ruiseñor;
si él de amores canta,
yo lloro de amor.

[6] Cfr. "Supervivencias de la antigua lírica popular", en mis *Estudios sobre lírica antigua, op. cit.*

Caminad, suspiros,
adonde soléis,
y si duerme mi niña,
no la recordéis.

Galeritas de España
surcan por el mar,
y mis pensamientos
las hacen volar.

Río de Sevilla,
¡cuán bien pareces,
con galeras blancas
y ramos verdes!

En la cumbre, madre,
tal aire me dio,
que el amor que tenía
aire se volvió.

En doblones me escriba,
galán, su pasión,
que es letra más clara
y la entiendo mejor.

Entre yo y mi marido
valemos algo,
porque yo soy blanca
y él es cornado.

Carácter de la antigua lírica popular

Aunque hay gran variedad de tipos entre las segui-
dillas, podemos encontrar fácilmente una serie de rasgos
comunes. Domina el ingenio, la "agudeza" muy Siglo de
Oro; se busca la metáfora feliz, el juego de conceptos y
de palabras, la expresión *pointée*, la antítesis y el para-
lelismo. Es un estilo epigramático, lúcido, consciente.
Frente a él, el estilo de la canción popular medieval nos
parece elemental e ingenuo, dictado por la emoción,
lleno a menudo del misterio de lo irracional. Bastará
hojear la presente Antología para encontrar por todas
partes la expresión sencilla, clara, que brota como por
sí sola, sin pretensiones. Se verá igualmente la ausencia
casi total de metáforas; lo que hay son imágenes visuales,
impresiones directas de una realidad exterior, a menudo
subjetivizada, a menudo también cargada de un simbo-
lismo ancestral.

En esta lírica encontramos los sentimientos amorosos
confesados abiertamente, con exaltado patetismo, con
tensión enfática, lograda muchas veces a través de repe-
ticiones ("Moriré de amores, madre, / moriré"), de ex-
clamaciones y preguntas ("¡Quién vos había de llevar,
ojalá! / ¡Ay, Fatimá!"), de contrastes. El énfasis, la

intensidad, unidos a la máxima sencillez de la expresión, caracterizan gran parte de esta poesía. Junto a ellos existe también el estilo "neutral", sereno, la mera constatación de un hecho, una frase sentenciosa ("En el campo nacen flores / y en el alma los amores"); pero lo característico es la tensión dinámica. Y lo es también en las canciones referentes a la naturaleza ("¡Ay!, luna que reluces, / ¡toda la noche me alumbres!"), en los cantares de trabajo ("Segadores, ¡afuera, afuera...!"), en los de fiesta y juego, en los humorísticos y satíricos ("Bien quiere el viejo, / ¡ay, madre mía!, / bien quiere el viejo / a la niña"), en toda la variedad de temas y motivos que alberga cada uno de los cinco grupos en que —un poco arbitrariamente, por supuesto— se ha dividido esta Antología.

Los temas

La temática es, en efecto, variadísima, como que procede de fuentes muy diversas: de la lírica medieval europea (francesa, sobre todo), de la tradición hispánica manifiesta ya parcialmente en las jarchas, de la cantiga d'amigo gallego-portuguesa, de la canción trovadoresca española, del Romancero. El amor y la naturaleza se entrelazan y confunden. En la mítica fuente del rosel la niña y el doncel se lavan uno al otro, en íntima unión (número 78); dentro del vergel, entre las rosas, acecha la muerte por amor (número 91). Como del fondo de un pozo sale el agua del amor y la fecundidad (números 78-88, 92, 94, 98), salen las flores y los frutos simbólicos de la entrega amorosa (números 72-77, 89-94, 99-101, 343, 308).

Destacan también otros núcleos temáticos característicos: la niña "namoradica" que se rehúsa a ser monja (números 118-123), el elogio de la propia belleza (números 181-191), el "aunque soy morena" (números 196-205); los "malos envolvedores" que siembran cizaña entre los enamorados (números 232-236) o los guardas que los mantienen separados (números 237-239); el rechazo del matrimonio (números 282-287) y la "mal casada" (286-296, 387); la caza de amor (309, 132); los gritos inquietantes que resuenan en el monte (185, 186, 311, 417); el aire que agita los cabellos y menea las plantas (345-350, 393, 394); las comadres borrachas (571-578) y otras más.

Un grupo interesante es el de las canciones de camino (368-377, 384, 385). En su reveladora conferencia de 1919 (cfr. nota 3) Menéndez Pidal ha querido ver en ellas el origen de las serranillas hispánicas. Y otro grupo curioso son las rimas infantiles (491-512), varias de las cuales sobreviven hoy, en forma muy parecida: los niños han sido siempre más fieles al pasado y menos expuestos a las modas que los adultos.

La forma

Las canciones infantiles actuales conservan, entre otras cosas, una versificación extraordinariamente variada e irregular, que contrasta con la regularidad y la limitación formal de la lírica folklórica de hoy (debidas ambas al monopolio ejercido por las seguidillas y las cuartetas octosilábicas). En el siglo XVI no existía tal contraste: la lírica popular poseía una riqueza enorme de formas. Basta nuevamente hojear esta Antología para comprobarlo. En su magistral *Versificación irregular en la poesía castellana*, primer estudio detenido de la lírica popular antigua, Pedro Henríquez Ureña examinó sus diversos tipos métricos y llamó la atención sobre su carácter fundamentalmente irregular, "fluctuante", no sujeto al cuento de sílabas.

Esa fluctuación se ve, en efecto, a cada paso. Una misma canción puede tener, en sus distintas versiones, medidas diferentes. El número de combinaciones posibles es casi —no totalmente— ilimitado. Hay pareados de $8 + 8$, de $6 + 6$, de $7 + 7$, de $10 + 10$, junto a otros de $5 + 6$, $8 + 7$, $8 + 9$, o de $4 + 6$, $8 + 10$, $9 + 6$, $10 + 7$, etcétera. Hay tercetos regularmente octosilábicos o hexasilábicos, otros con verso de pie quebrado en medio y otros que combinan versos de distintas medidas. Hay cuartetas isosilábicas (de 8 y 6 sobre todo) y cuartetas en que alternan versos largos y breves (como la seguidilla) o en que se mezclan diferentes metros.

Por otra parte, la fluctuación y toda esa variedad de combinaciones no deben llevarnos a concluir que la antigua lírica popular carece de forma. Por una parte, es patente el predominio de ciertas medidas, el octosílabo y el hexasílabo, que actúan como centros magnéticos sobre las demás. Por otra parte, encontramos, junto a las muchas estrofas isosilábicas, buen número de esquemas combinatorios que se repiten una y otra vez (por ejemplo, el pareado de 8 + 9 o la cuarteta de 6 + 6 + 7 + 6). Existen, pues, ciertas leyes formales, ciertos impulsos hacia un tipo u otro de regularización; aunque también existe, sin duda alguna, la tendencia inversa, la descomposición del molde establecido.

Esto en cuanto a las estrofas iniciales o estribillos, que son, como hemos visto, la única parte de las canciones folklóricas que solían utilizar los poetas líricos renacentistas, y que por lo tanto se conservan en número mucho mayor que los textos que tienen, además del estribillo, una o más estrofas en estilo popular en que se desarrolla la idea contenida en ese estribillo. Gracias a ciertas "ensaladas", a las obras de Gil Vicente, a los cancioneros polifónicos y los libros de vihuela y a algunas otras fuentes, conocemos alrededor de doscientas de esas canciones con estribillo y "glosa"; la mayor parte de ellas figuran en esta Antología. Las glosas tienden mucho más a la regularidad que los estribillos; predominan los pareados octosilábicos y las cuartetas en hexasílabos con rima en los pares, y la fluctuación es más bien ocasional.

También por su estilo las glosas son distintas de los villancicos, más morosas, más detenidas, sin aquella tensión exaltada. Algunas consisten en un desdoblamiento del estribillo (número 340) o en un desarrollo de su tema (número 182); otras en una narración obje-

27

tiva que explica lo dicho en el estribillo (número 309) o en una especie de réplica de él (número 181)[7]. Encontramos en muchas glosas la sucesión de estrofas paralelísticas y aun el encadenamiento que, como hemos visto, caracterizan a la cantiga d'amigo gallego-portuguesa. Pero ésta carece de estribillo inicial, y su estructura es por lo tanto distinta. No se trata, al parecer, de una diferencia entre la poesía del Occidente y la del Centro de la Península. También aquí deben haber existido canciones sin estribillo inicial. La prueba de ello está, no sólo en unas pocas muestras contenidas en fuentes renacentistas (cfr. números 325, 326, 418, 420, 431, 521, 549), sino en las canciones arcaicas milagrosamente conservadas por los judíos sefardíes.

Supervivencia: los cantares sefardíes

Es bien sabido que los judíos, expulsados de España en 1492, mantuvieron viva la lengua española y su tradición poética. Entre ellos se conservan todavía hoy romances que han desaparecido en España y se conservan también canciones líricas de gran antigüedad. Los judíos españoles tenían evidentemente una poesía musical propia, asociada con ceremonias religiosas y con los ritos de boda, de nacimiento, de muerte. Pero esas canciones estaban en parte concebidas de acuerdo con la técnica y la temática de la poesía cantada por los cristianos, como puede verse por los ejemplos incluidos en la última parte de esta obra.

Encontramos, en efecto, coincidencias notables con la lírica folklórica documentada en fuentes renacentistas. En la canción de la morenica (número 599) sobreviven cantarcillos muy parecidos a los números 196, 115 y 521 de nuestra Antología. En el 604 hay ecos de los números 93, 155 y 368; en el 606, del 455. El 607 pa-

---

[7] Cfr. "Glosas de tipo popular en la antigua lírica", en mis *Estudios sobre lírica antigua* (en prensa).

rece adaptación del famoso cantar de los álamos (346); "Que si te fueres a bañar, novia..." (612) recuerda de cerca al "Si te vas a bañar, Juanilla..." (85); en el 614 se conservan con sorprendente fidelidad los versos "un amigo que eu havia / mançanas de ouro me envia..." del número 100, junto con el "tres y cuatro en un pimpollo" del 413. La endecha "Parióme mi madre..." (620) es una supervivencia de la número 325. Y las coincidencias no paran aquí.

Por otra parte, hay también elementos extraños, que apuntan a una tradición exclusivamente judía, y otros que parecen apuntar a una tradición hispánica más arcaica que la recogida en fuentes renacentistas. Entre estos últimos contaría yo precisamente la forma. Aunque muchos de los textos aparecen corrompidos, con mezcla de canciones diferentes, la estructura de la canción judeo-española es evidente: se compone de estrofas más o menos simétricas, frecuentemente ligadas por el paralelismo; carece de estribillo inicial, pero suele tener estribillo entre estrofa y estrofa. Por su forma está, pues, muy cerca de la cantiga d'amigo, y es posible que represente, junto con ella, una fase de la lírica hispánica medieval que en los siglos xv y xvi estaba en vías de desaparición. De la canción compuesta de estribillo inicial y glosa, que es la que al parecer dominaba en el folklore de esos dos siglos, no hay resto alguno en los cantares sefardíes. Sí los había, en cambio, todavía a comienzos de este siglo, en la arcaizante provincia portuguesa de Algarve.

Vestigios, reliquias esparcidas es todo lo que subsiste de aquella valiosa tradición poética que fue la lírica folklórica de la Edad Media. La arqueología literaria nos ha permitido desenterrarla de multitud de manuscritos e impresos. Y hoy la tenemos ante nuestros ojos, como recién nacida, y también eterna, inmune ahora sí a la muerte que la atacó siglos atrás.

El Colegio de México   M. F. A.

ADVERTENCIA

De las tres partes que integran esta Antología, la primera comprende, en orden aproximadamente cronológico, la mayoría de los textos fechables antes de 1450 que de algún modo reflejan la tradición lírica folklórica de la Península ibérica. La segunda constituye el cuerpo principal de la obra. Incluye 535 textos, en su mayoría castellanos, pero también gallegos, portugueses, catalanes y valencianos. Todos proceden de fuentes fechables entre 1450 y *ca*. 1650; sin embargo, se remontan en su mayoría a la tradición medieval. Sólo hemos incluido los elementos que por su estilo y técnica pertenecen a esa tradición, prescindiendo de las glosas en estilo culto que suelen acompañarlos en las fuentes renacentistas. Se ha intentado aquí, por primera vez, una agrupación temática de esos materiales.

En la tercera parte se reúnen —también por sus temas— 27 canciones (o fragmentos de canciones) rituales judeo-españolas de parida, de boda y de muerte, supervivencias de la tradición medieval hispánica. Todas se cantan hoy en el norte de África o en el Cercano Oriente.

Dada la índole de esta publicación, damos sólo una versión de cada texto. Las notas a pie de página, que llevan el número de la poesía correspondiente, se limitan por lo general a una traducción escueta de los textos no castellanos y a un mínimo de acotaciones léxicas a las poesías en castellano (cfr. al final el índice de voces comentadas). La indicación de las fuentes se hace en forma sucinta; la bibliografía, que es a la vez un índice de fuentes utilizadas, suministrará los datos complementarios.

BIBLIOGRAFÍA MÍNIMA

I. Otras antologías

JOSÉ MARÍA ALÍN, *El cancionero español de tipo tradicional*, Madrid, Taurus, 1968.

DÁMASO ALONSO y JOSÉ MANUEL BLECUA, *Antología de la poesía española. Lírica de tipo tradicional*, 2.ª ed., Madrid, Gredos, 1964.

JULIO CEJADOR y FRAUCA, *La verdadera poesía castellana. Floresta de la antigua lírica popular*, 10 vols., Madrid, 1921-1930.

II. Estudios generales

EUGENIO ASENSIO, *Poética y realidad en el cancionero peninsular de la Edad Media*, 2.ª ed., Madrid, Gredos, 1970.

MARGIT FRENK ALATORRE, *Entre folklore y literatura. (Lírica hispánica antigua)*, México, El Colegio de México, 1971.

— *Las jarchas mozárabes y los comienzos de la lírica románica*, México, El Colegio de México, 1975.

— *Estudios sobre lírica antigua*, Madrid, Castalia (en prensa), 1977.

PEDRO HENRÍQUEZ UREÑA, *La versificación irregular en la poesía castellana*, 2.ª ed., Madrid, 1933.

RAMÓN MENÉNDEZ PIDAL, «La primitva poesía lírica española», *Estudios literarios*, Madrid, 1920, págs. 251-334. (Y Colección Austral.)

— «Sobre primitiva lírica española», *De primitiva lírica española y antigua épica*, Colección Austral.

STEPHEN RECKERT, *Lyra minima. Structure and symbol in Iberian traditional verse*, s. l., 1970.

M. RODRIGUES LAPA, *Lições de literatura portuguesa. Epoca medieval*, 6.ª ed., Coimbra, 1966.

31

José Romeu Figueras, «La poesía popular en los cancioneros musicales españoles de los siglos xv y xvi», *Anuario Musical*, 4 (1949), págs. 57-91.

—— *La música en la Corte de los Reyes Católicos*, vols. IV-1 y IV-2, Barcelona, 1965.

Antonio Sánchez Romeralo, *El villancico. (Estudios sobre la lírica popular en los siglos XV y XVI)*, Madrid, Gredos, 1969.

Eduardo M. Torner, *Lírica hispánica. Relaciones entre lo popular y lo culto*, Madrid, Castalia, 1966.

Parte I

PRIMEROS TESTIMONIOS

(Jarchas, cantigas d'amigo y otras canciones
anteriores a 1450)

1

En Calatañazor
perdió Almanzor
el atamor.

[LUCAS DE TUY, *Crónica*]

2*

Des cuand mio Cidiello vénid
—¡tan bona *albishara!*—,
com rayo de sole yéshid
en Wad-al-hachara.

[jarcha núm. 3]

---

[1] Según Lucas de Tuy (1236), gritaba esto el fantasma de un pescador a orillas del Guadalquivir cuando fue vencido Almanzor (año 998).

* Para el texto de estas 20 jarchas mozárabes (2-21) me he basado en la admirable edición de KLAUS HEGER, *Die bisher veröffentlichten Ḫarǧas und ihre Deutungen*, Tübingen, 1960, y el reciente *Corpus de poesía mozárabe* de J. M. SOLÁ-SOLÉ, Barcelona (1973?). Escojo en cada caso la versión e interpretación que me parece más convincente. Uso la grafía inglesa *sh* para el sonido [š], y *ch* para [ẏ].

[2] "Desde el momento en que viene mi Cidillo [o Cidiello, o Cidello; personaje de la corte de Alfonso VII] —¡oh, qué buena nueva!—, sale en Guadalajara como un rayo de sol."

35

3

Non dormireyo, mamma,
a rayo de mañana.
Bon Abu-l-Qasim,
la fache de matrana.

[jarcha núm. 36]

4

¿Qué faré, mamma?
  Meu *al-habib* est ad yana.

[jarcha núm. 14]

5

Que no quero tener *al-'iqd*, ya mamma,
  ¿*Amana hulá li!*
Coll' albo quérid fora meu sidi,
  non quérid *al-huli*.

[jarcha núm. 11]

6

¡Mamma, *ayy habibi!*
Suaal-chumella shaqrellah,
  el collo albo,
e boquella *hamrellah*.

[jarcha núm. 33]

---

³ "No dormiré, madre, al rayar la mañana. El buen Abu-l-Qasim,
la cara de aurora."
⁴ "¿Qué haré, madre? Mi amado está a la puerta."
⁵ "Que no quiero yo tener collar, madre. ¿Prestarme alhajas? Cue-
llo blanco quiere fuera mi señor: no quiere joyas."
⁶ "Madre, ¡qué amigo! Su guedejuela es rubia, el cuello blanco y
la boquita coloradita."

7

Non quero yo un *jilliello*
illa 'l-samarello.

[jarcha núm. 32]

8

Garid vos, ¡ay yermaniellas!,
¿cóm' contenir el mio male?
Sin el *habib* non vivreyo:
¿ad ob l'irey demandare?

[jarcha núm. 4]

9

¡Tanto amare, tanto amare,
habib, tanto amare!
Enfermeron olios nidios
e dolen tan male.

[jarcha núm. 18]

10

Vaise mio corachón de mib.
¡Ya Rab!, ¿si se me tornarad?
Tan mal me dóled *li-l-habib:*
enfermo yed, ¿cuánd sanarad?

[jarcha núm. 9]

---

[7] "No quiero yo amiguito sino el morenito."

[8] "Decidme, ay hermanitas, ¿cómo contener mi mal? Sin el amado no viviré: ¿adónde iré a buscarlo?"

[9] "¡Tanto amar, tanto amar, amado, tanto amar! Enfermaron [mis] ojos brillantes y duelen tanto."

[10] "Vase mi corazón de mí. ¡Ay, Dios!, ¿acaso tornará? Tanto me duele por el amado: enfermo está, ¿cuándo sanará?"

Gar, ¿qué fareyo?,
¿cómo vivreyo?
Est' *al-habib* espero,
por él murreyo.

[jarcha núm. 15]

12

Gar sabes devina,
e devinas *bi-l-haqq*,
garme cuánd me vernad
meu *habibi* Ishaq.

[jarcha núm. 2]

13

Como filyolo alieno,
non más adormes a meu seno.

[jarcha núm. 7]

14

Adamey filiolo alieno,
ed él a mibi;
quéredlo de mib catare
suo *al-raquibi*.

[jarcha núm. 41]

---

[11] "Dime, ¿qué haré?, ¿cómo viviré? A este amado espero, por él moriré."

[12] "Puesto que sabes adivinar y adivinas la verdad, dime cuándo vendrá mi amigo Isaac."

[13] "Como si fueses hijito ajeno, ya no te duermes más en mi seno."

[14] "Amé a un hijito ajeno, y él a mí. Quiérelo apartar de mí su guardador."

15

¡Amanu, amanu, ya l-malih! Gare,
¿por qué tú me queres, *ya-llah* matare?

[jarcha núm. 26]

16

Si queres como bon a mib,
béchame *da 'l-nazma duk*,
boquella de *habb al-muluk*.

[jarcha núm. 31]

17

Amanu ya habibi,
al-wahsha me no farás.
Bon, becha ma boquella:
eu sé que te no irás.

[jarcha núm. 39]

18

Meu sidi Ibrahim, ya nuemne dolche,
    vent' a mib de nohte.
In non, si non queris, yireim' a tib:
    garme a ob legarte.

[jarcha núm. 22]

---

¹⁵ "¡Piedad, piedad, hermoso! Di, ¿por qué tú quieres, ¡ay Dios!, matarme?"
¹⁶ "Si me quieres como bueno, bésame esta sarta de perlas, boquita de cerezas."
¹⁷ "¡Merced, amigo mío! No me dejarás sola. Hermoso, besa mi boquita: yo sé que no te irás."
¹⁸ "Señor mío Ibrahim, ¡oh dulce nombre!, vente a mí de noche. Si no, si no quieres, iréme a ti: dime dónde encontrarte."

19

¿Qué fareyu, o qué serad de mibi,
  habibi?
¡Non te tolgas de mibi!

[jarcha núm. 16]

20

Al-sabah bono,
garme d'on venis.
Ya lo sé que otri amas,
a mibi non queris.

[jarcha núm. 17]

21

Ve, *ya raqi*, ve tu vía,
que non me tenes *al-niyya*.

[jarcha núm. 19]

22

Rey vello [que] Deo[s] confonda,
tres son éstas con a de Malonda.

[DON JUAN MANUEL, *Libro de las
armas; Obras*, t. 1, pág. 83]

---

[19] "¿Qué haré o qué será de mí, amado? ¡No te apartes de mí!"
[20] "Alba hermosa, dime de dónde vienes. Ya sé que amas a otra
y a mí no me quieres."
[21] "Vete, desvergonzado, sigue tu vía, que no me tienes buena fe."
[22] El "rey vello" es Jaime el Conquistador, rey de Aragón de 1213
a 1276, quien, después de haber prometido su hija al infante de Cas-
tilla don Enrique, se negó a cumplir la promesa, suscitando la ira de
los castellanos. (Maluenda —Malonda— es el sitio donde el rey trató
ese casamiento.)

23*

Pela ribeira do rio
cantando ia la virgo
d'amor:

"Quen amores à
como dormirá?
Ai, bela frol!"

[Airas Nunes, pastorela "Oi' oj'eu
ũa pastor cantar"; NUNES, 256]

24

Levantou-s' a velida
—*levantou-s' alva*—,
e vai lavar camisas
e-no alto:
vai-las lavar alva.

Levantou-s' a louçãa
levantou-s' alva—,
e vai lavar delgadas
e-no alto:
vai-las lavar alva.

Vai lavar camisas
—*levantou-s' alva*—;
o vento lh'as desvia
e-no alto:
vai-las lavar alva.

---

* Reducimos la traducción de estas treinta *cantigas d'amigo* gallego-portuguesas a los elementos necesarios para comprender su sentido, omitiendo las repeticiones de palabras y de contenido.

²³ "Por la ribera del río cantando iba la doncella de amor: 'Quien amores tiene, ¿cómo dormirá? ¡Ay, bella flor'!" La primera parte de este cantarcillo, probablemente folklórico, que Airas Nunes pone en boca de su pastora reaparece en la cantiga d'amigo de Joan Zorro, *infra*, núm. 27. (Véase también núm. 151.)

E vai lavar delgadas
   —*levantou-s' alva*— ;
o vento lh'as levava
   e-no alto:
vai-las lavar alva.

O vento lh'as desvia
   —*levantou-s' alva*— ;
meteu-s' alva en ira.
   E-no alto:
vai-las lavar alva.

O vento lh'as levava
   —*levantou-s' alva*— ;
meteu-s' alva en sanha.
   E-no alto:
vai-las lavar alva.

[Rey Don Denís; NUNES, 20]

25

E-no sagrado, en Vigo,
bailava corpo velido.
   Amor ei!

En Vigo, no sagrado,
bailava corpo delgado.
   Amor ei!

Bailava corpo velido,
que nunca ouver' amigo.
   Amor ei!

Bailava corpo delgado,
que nunca ouver' amado.
   Amor ei!

---

[24] "Levantóse la hermosa, *levantóse al alba*, y va a lavar camisas *al arroyo: valas a lavar al alba*... El viento se las llevaba: diole a la blanca (niña) saña."

Que nunca ouver' amigo,
ergas no sagrad', en Vigo.
Amor ei!

Que nunca ouver' amado,
ergu'en Vigo, no sagrado.
Amor ei!

[Martin Codax; Nunes, 496]

26

[Levou-s' a louçana],
levou-s' a velida,
vai lavar cabelos
na fontana fria,
  Leda dos amores,
  dos amores leda.

[Levou-s' a velida],
levou-s' a louçana,
vai lavar cabelos
na fria fontana.
  Leda dos amores.
  dos amores leda.

Vai lavar cabelos
na fontana fria;
passa seu amigo,
que lhi ben queria.
  Leda dos amores.
  dos amores leda.

Vai lavar cabelos
na fria fontana;
passa seu amigo,
que a muit' ama.
  Leda dos amores,
  dos amores leda.

---

[25] "Frente a la iglesia, en Vigo, bailaba la hermosa —*amor tengo*—...,
que nunca tuvo un amigo, salvo frente a la iglesia, en Vigo."

Passa seu amigo,
que lhi ben queria:
o cervo do monte
a augua volvia.
   Leda dos amores,
   dos amores leda.

Passa seu amigo,
que a muit' ama:
o cervo do monte
volvia a augua.
   Leda dos amores,
   dos amores leda.

[Pero Meogo; Nunes, 415]

27

Pela ribeira do rio
cantando ia la dona virgo
   d'amor:
"*Venham nas barcas polo rio*
   a sabor".

Pela ribeira do alto
cantando ia la dona d'algo
   d'amor:
"*Venham nas barcas polo rio*
   a sabor".

[Joan Zorro; Nunes, 386]

---

[26] "Levantóse la bella, va a lavar sus cabellos en la fuente fría
—*alegre de amores, de amores alegre*—... Pasa su amigo, que bien
la quería; el ciervo del monte el agua revolvía."
[27] "Por las riberas del río cantando iba la doncella *de amor:* «*ven-*
gan las barcas por el río gozosamente»."

Dizia la fremosinha:
"*ai, Deus val,*
com' estou d'amor ferida!"
Ai, Deus val,
com' estou d'amor ferida!

Dizia la ben talhada:
"*ai, Deus val,*
com' estou d'amor coitada!"
Ai, Deus val,
com' estou d'amor ferida!

"Com' estou d'amor ferida,
ai, Deus val,
non ven o que ben queria!"
Ai, Deus val,
com' estou d'amor ferida!

"Com' estou d'amor coitada,
ai, Deus val,
non ven o que muit' amava!"
Ai, Deus val,
com' estou d'amor ferida!

[Afonso Sanches; NUNES, 200]

29

—Ai, fremosinha, se ben ajades,
longi de vila quen asperades?
— *Vin atender meu amigo.*

—Ai, fremosinha, se grado edes,
longi de vila quen atendedes?
— *Vin atender meu amigo.*

---

[28] "Decía la hermosa: «*Ay, válgame Dios, cómo estoy de amor herida...:* no viene el que bien quería»."

—Longi de vila quen asperades?
—Direi-vo-l'eu, pois me preguntades:
Vin atender meu amigo.

—Longi de vila quen atendedes?
—Direi-vo-l'eu, poi-lo non sabedes:
Vin atender meu amigo.

[Bernal de Bonaval; NUNES, 358]

30

Per ribeira do rio
vi remar o navio,
  e sabor ei da ribeira.

Per ribeira do alto
vi remar o barco,
  e sabor ei da ribeira.

Vi remar o navio:
i vai o meu amigo.
  E sabor ei da ribeira.

Vi remar o barco:
i vai o meu amado.
  E sabor ei da ribeira.

I vai o meu amigo,
quer-me levar consigo.
  E sabor ei da ribeira.

I vai o meu amado,
quer-me levar de grado.
  E sabor ei da ribeira.

[Joan Zorro; NUNES, 382]

---

[29] "—Ay, hermosa, decidme por vuestro bien a quién esperáis lejos de la aldea...—Yo os lo diré, pues que me preguntáis: *Vine a esperar a mi amigo.*"

[30] "Por las riberas del río vi remar el navío, *y placer me da la ribera...* Ahí va mi amigo, quiere llevarme consigo."

As frores do meu amigo
briosas van no navio.
    E van-s[e] as frores
    d'aqui ben con meus amores.
    Idas son as frores.
    d'aqui ben con meus amores.

As frores do meu amado
briosas van no barco.
    E van-s[e] as frores
    d'aqui ben con meus amores.
    Idas son as frores
    d'aqui ben con meus amores.

Briosas van no navio
pcra chegar ao ferido.
    E van-s[e] as frores
    d'aqui ben con meus amores.
    Idas son as frores
    d'aqui ben con meus amores.

Briosas van e-no barco
pera chegar ao fossado.
    E van-s[e] as frores
    d'aqui ben con meus amores.
    Idas son as frores
    d'aqui ben con meus amores.

Pera chegar ao ferido,
servir mí, corpo velido.
    E van-s[e] as frores
    d'aqui ben con meus amores.
    Idas son as frores
    d'aqui ben con meus amores.

Pera chegar ao fossado,
servir mí, corpo loado.
E van-s[e] as frores
d'aqui ben con meus amores.
Idas son as frores
d'aqui ben con meus amores.

[Pai Gomes Charinho; NUNES, 220]

32

Jus' a lo mar e o rio
eu, namorada, irei,
u el-rei arma navio.
Amores, convusco m'irei.

Jus' a lo mar e o alto
eu, namorada, irei,
u el-rei arma o barco.
Amores, convusco m'irei.

U el-rei arma navio
—*eu, namorada, irei*—
pera levar a virgo.
Amores, convusco m'irei.

U el-rei arma o barco
—*eu, namorada, irei*—
pera levar a d'algo.
Amores, convusco m'irei.

[Joan Zorro; NUNES, 388]

---

[31] "Las flores de mi amigo [es decir, el amigo mismo] alegres van
en el navío. *Y vanse las flores de aquí con mis amores*... Para llegar a
la lid a combatir por mí, hermosa."

[32] "Yo, enamorada, bajaré al mar y al río, —*yo, enamorada, iré*—
ahí donde el rey arma el navío —*amigo, con vos me iré*— para llevarse
en él a la doncella."

E-nas verdes ervas
vi anda-las cervas,
meu amigo.

E-nos verdes prados
vi os cervos bravos,
meu amigo,

E con sabor d'elas
lavei mias garcetas,
meu amigo.

E con sabor d'elos
lavei meus cabelos,
meu amigo.

Des que los lavei,
d'ouro los liei,
meu amigo.

Des que las lavara,
d'ouro las liara,
meu amigo.

D'ouro los liei,
e vos asperei,
meu amigo.

D'ouro las liara,
e vos asperara,
meu amigo.

[Pero Meogo; NUNES, 416]

---

[33] "En las verdes hierbas vi andar las ciervas... Y con placer de verlas lavé mis cabellos... Después de lavarlos atélos con oro... y os esperé, *amigo.*"

Se oj' o meu amigo
soubess', iria migo:
eu al rio me vou banhar,
    al mar.

Se oj' el este día
soubesse, migo iria:
eu al rio me vou banhar,
    al mar.

Quen lhi dissess' atanto,
ca ja filhei o manto.
Eu al rio me vou banhar,
    al mar.

[Estevam Coelho; NUNES, 156]

34

Ai, Deus, se sab' ora meu amigo
com' eu senlheira estou en Vigo!
    E vou namorada.

Ai, Deus, se sab' ora meu amado
com' eu en Vigo senlheira manho!
    E vou namorada.

Com' eu senlheira estou en Vigo
e nulhas guardas non ei comigo!
    E vou namorada.

Com' eu en Vigo senlheira manho
e nulhas guardas migo non trago!
    E vou namorada.

E nulhas guardas non ei comigo,
ergas meus olhos que choran migo.
    E vou namorada.

---

[34] "Si hoy mi amigo supiese [adónde voy], iría conmigo: *yo al río me voy a bañar, al mar*. ¡Quién le dijera esto: que ya me desaté el manto!"

E nulhas guardas migo non trago,
ergas meus olhos que choran ambos.
    E vou namorada!

[Martin Codax; NUNES, 494]

36

—Tal vai o meu amigo
con amor que lh'eu dei
come cervo ferido
de monteiro del-rei.

Tal vai o meu amigo,
madre, con meu amor
come cervo ferido
de monteiro maior.

E se el vai ferido,
irá morrer al mar:
si fará meu amigo
se eu d'el non pensar.

—E guardade-vos, filha,
ca já un atal vi
que se fez coitado
por guaanhar de mi.

E guardade-vos, filha,
ca já un vi atal
que se fez coitado
por de min guaanhar.

[Pero Meogo; NUNES, 413]

---

[35] "¡Ay Dios!, si supiese ahora mi amigo que estoy sola en Vigo —*y voy enamorada*—... y que no hay nadie que me vigile, sino mis ojos, que lloran conmigo."

[36] "—Así va mi amigo con el amor que le causé como el ciervo herido por el montero del rey... Y si él [el ciervo] va herido, irá a morir al mar: así hará mi amigo, si no me acuerdo yo de él. —Tened cuidado, hija, que yo ya he visto a alguno que se ha fingido enamorado para alcanzar mi amor."

—Digades, filha, mia filha velida,
por que tardastes na fontana fria?
   Os amores ei.

Digades, filha, mia filha louçana,
por que tardastes na fria fontana?
   Os amores ei.

—Tardei, mia madre, na fontana fria:
cervos do monte a augua volvian.
   Os amores ei.

Tardei, mia madre, na fria fontana:
cervos do monte volvian a augua.
   Os amores ei.

—Mentir, mia filha, mentir por amigo:
nunca vi cervo que volvess' o rio.
   Os amores ei.

Mentir, mia filha, mentir por amado:
nunca vi cervo que volvess' o alto.
   Os amores ei.

[Pero Meogo; NUNES, 419]

Non poss' eu, madre, ir a Santa Cecilia,
ca me guardades a noit' e o dia
   do meu amigo.

Non poss' eu, madr', aver gasalhado,
ca me non leixades fazer mandado
   do meu amigo.

---

[37] "Digáisme, hija, hija mía hermosa, ¿por qué tardasteis en la fuente fría? —*Amores tengo*...— Tardé, madre, en la fuente fría, porque los ciervos del monte revolvieron el agua... —Mentís, hija mía, mentís por vuestro amigo: nunca he visto yo un ciervo que revolviese el río."

Ca me guardades a noit' e o dia:
morrer-vos ei con aquesta perfia
  por meu amigo.

Ca me non leixades fazer mandado:
morrer-vos ei con aqueste cuidado
  por meu amigo.

Morrer-vos ei con aquesta perfia;
e se me leixassedes ir, guarria
  con meu amigo.

Morrer-vos ei con aqueste cuidado;
e se quiserdes, irei mui de grado
  con meu amigo.

[Martin de Ginzo; NUNES, 486]

39

Madre, passou per aqui un cavaleiro
e leixou-me namorad' e con marteiro.
  Ai, madre, os seus amores ei:
    se me los ei,
    ca mi-os busquei,
    outros me lhe dei.
  Ai, madre, os seus amores ei.

Madre, passou per aqui un filho d'algo
e leixou-m' assi penada com' eu ando.
  Ai, madre, os seus amores ei:
    se me los ei,
    ca mi-os busquei,
    outros me lhe dei.
  Ai, madre, os seus amores ei.

---

[38] "No puedo, madre, ir a Santa Cecilia, porque me apartáis no-
che y día *de mi amigo;* no puedo tener placer, porque no me permitís
mandarle un mensaje... Yo me moriré con esta porfía, pero si me
dejarais ir, me aliviaría...; y si quisiereis, iré de buen grado *con mi
amigo.*"

Madre, passou per aqui quen non passasse,
e leixou-m' assi penada: mais leixasse!
Ai, madre, os seus amores ei:
se me los ei,
ca mi-os busquei,
outros me lhe dei.
Ai, madr', os seus amores ei.

[Fernan Rodriguez de Calheiros; NUNES, 66]

40

O anel do meu amigo
perdi-o so lo verde pinho,
e chor' eu, bela.

O anel do meu amado
perdi-o so lo verde ramo,
e chor' eu, bela.

Perdi-o so lo verde pinho;
por en chor' eu, dona-virgo.
E chor' eu, bela.

Perdi-o so lo verde ramo.
por en chor' eu, dona d'algo.
E chor' eu, bela.

[Pero Gonçalvez Portocarreiro; NUNES, 262]

---

[39] "Madre, pasó por aquí un caballero y dejóme enamorada y con martirio. *¡Ay madre¡, sus amores tengo; si los tengo es porque los busqué y otros amores a él le di...* Madre, pasó por aquí quien nunca debió haber pasado, y dejóme así penada, —¡ojalá me hubiera dejado aún más penada!"

[40] "El anillo de mi amigo perdílo bajo el verde pino, *y lloro yo, bella...* Por eso lloro yo, doncella."

Ai, eu coitada,
como vivo en gran cuidado
por meu amigo, que ei alongado!
  Muito me tarda
  o meu amigo na Guarda!

Ai, eu coitada,
como vivo en gran desejo
por meu amigo, que tarda e non vejo!
  Muito me tarda
  o meu amigo na Guarda!

[Rey Sancho I ?; NUNES, 512]

42

Vi eu, mia madr', andar
as barcas e-no mar,
  e moiro-me d'amor.

Foi eu, madre, veer
as barcas e-no ler,
  e moiro-me d'amor.

As barcas [e]-no mar,
e foi-las aguardar,
  e moiro-me d'amor.

As barcas e-no ler,
e foi-las atender,
  e moiro-me d'amor.

---

[41] "¡Ay, triste de mí, que vivo con gran pena por mi amigo, que está lejos! *Mucho me tarda mi amigo en la Guarda* [ciudad de Portugal]."

E foi-las aguardar,
e non o pud' achar,
  e moiro-me d'amor.

E foi-las atender
e non o pudi veer,
  e moiro-me d'amor.

E non o achei i
[o] que por meu mal vi,
  e moiro-me d'amor.

[Nuno Fernandes Torneol; NUNES, 79]

43

Sedia-m' eu na ermida de San Simion,
e cercaron-mi as ondas, que grandes son.
  Eu atendend' o meu amigo!
  Eu atendend' o meu amigo!

Estando na ermida ant' o altar,
cercaron-mi as ondas grandes do mar.
  Eu atendend' o meu amigo!
  Eu atendend' o meu amigo!

E cercaron-mi as ondas, que grandes son;
non ei [i] barqueiro nen remador.
  Eu atendend' o meu amigo!
  Eu atendend' o meu amigo!

E cercaron-mi as ondas do alto mar;
non ei [i] barqueiro, nen sei remar.
  Eu atendend' o meu amigo!
  Eu atendend' o meu amigo!

---

[42] "Vi, madre mía, andar las barcas en el mar; fui yo, madre, a
ver las barcas en la playa, *y muérome de amor*... Y fui a esperarlas
y no lo pude hallar... Y no lo hallé ahí a aquel que por mi mal vi."

Non ei i barqueiro nen remador:
morrerei, fremosa, no mar maior.
  Eu atendend' o meu amigo!
  Eu atendend' o meu amigo!

Non ei [i] barqueiro, nen sei remar:
morrerei, fremosa, no alto mar.
  Eu atendend' o meu amigo!
  Eu atendend' o meu amigo!

[Meendinho; NUNES, 252]

44

Ondas do mar de Vigo,
se vistes meu amigo?
  E ai Deus, se verrá cedo!

Ondas do mar levado,
se vistes meu amado?
  E ai Deus, se verrá cedo!

Se vistes meu amigo,
o por que eu sospiro?
  E ai Deus, se verrá cedo!

Se vistes meu amado,
por que ei gran cuidado?
  E ai Deus, se verrá cedo!

[Martin Codax; NUNES, 491]

---

[43] "Estaba yo en la ermita de San Simón, y cercáronme las ondas, que grandes son —*yo, esperando a mi amigo*—... Y no hay barquero ni remador; no hay barquero ni sé remar: moriré, hermosa, en el alto mar."

[44] "Ondas del mar de Vigo, ¿acaso habéis visto a mi amigo..., aquel por quien yo suspiro? *Y, ay Dios, ¿si vendrá pronto?*"

Ai ondas que eu vin veer,
se me saberedes dizer
por que tarda meu amigo
   sen mi?

Ai ondas que eu vin mirar,
se me saberedes contar
por que tarda meu amigo
   sen mi?

[Martin Codax; NUNES, 497]

46

—Ai flores, ai flores do verde pinho,
se sabedes novas do meu amigo?
   Ai, Deus, e u é?

Ai flores, ai flores do verde ramo,
se sabedes novas do meu amado?
   Ai, Deus, e u é?

Se sabedes novas do meu amigo,
aquel que mentiu do que pôs comigo?
   Ai, Deus, e u é?

Se sabedes novas do meu amado,
aquel que mentiu do que a mi á jurado?
   Ai, Deus, e u é?

—Vós me preguntades polo voss' amigo,
e eu ben vos digo que é sã' e vivo.
   Ai, Deus, e u é?

---

[45] "Ay, ondas que vine a ver, ¿me sabréis decir *por qué tarda mi amigo sin mí?*"

Vós me preguntades polo voss' amado,
e eu ben vos digo que é viv' e são.
Ai, Deus, e u é?

E eu ben vos digo que é sã' e vivo
e seerá vosc' ant' o prazo saido.
Ai, Deus, e u é?

E eu ben vos digo, que é viv' e são
e s[e]erá vosc' ant' o prazo passado.
Ai, Deus, e u é?

[Rey Don Denís; NUNES, 19]

47

Ai, Sant' Iago, padron sabido,
vós mi-adugades o meu amigo!
*Sobre mar ven quen frores d'amor ten;
mirarei, madre, as torres de Geen.*

Ai, Sant' Iago, padron probado,
vós mi-adugades o meu amado!
*Sobre mar ven quen frores d'amor ten;
mirarei, madre, as torres de Geen.*

[Pai Gomes Charinho; NUNES, 225]

48

San Clemenço do mar,
se mi d'el non vingar,
non dormirei.

---

[46] "Ay flores del verde pino, ¿sabéis nuevas de mi amigo..., de aquel que no cumplió su promesa? *Ay, Dios, ¿dónde estara?* —Me preguntáis por vuestro amigo, y yo os digo que está sano y vivo... y que estará con vos antes de cumplirse el plazo."
[47] "Ay, Santiago, patrón verdadero, traedme a mi amigo. *Por el mar viene quien amor tiene; miraré, madre, las torres de Jaén.*"

San Clemenço, senhor,
se vingada non fôr,
non dormirei.

Se vingada non fôr
do fals' e traedor,
non dormirei.

[Nuno Perez (o Fernandez); NUNES, 428]

49

Amad' e meu amigo,
valha Deus!,
vede la frol do pinho,
e guisade d'andar.

Amigu' e meu amado,
valha Deus!,
vede la frol do ramo,
e guisade d'andar.

Vede la frol do pinho,
valha Deus!,
selad' o baiozinho,
e guisade d'andar.

Vede la frol do ramo,
valha Deus!,
selad' o bel cavalo,
e guisade d'andar.

Selad' o baiozinho,
valha Deus!,
treide-vos, ai amigo,
e guisade d'andar.

[Rey Don Denís; NUNES, 21]

⁴⁸ "San Clemente del mar, si no me vengo de él, *no dormiré...*"
⁴⁹ "Mi amado y mi amigo —¡*válgame Dios!*—, ved la flor del pino *y disponéos a partir...* Ensillad el bayo y apresuráos a venir, ay amigo."

Levad', amigo, que dormide-las manhãas frias:
toda-las aves do mundo d'amor dizian.
Leda m'and' eu.

Levad', amigo, que dormide-las frias manhãas:
toda-las aves do mundo d'amor cantavan.
Leda m'and' eu.

Toda-las aves do mundo d'amor dizian,
do meu amor e do voss' en ment' avian.
Leda m'and' eu.

Toda-las aves do mundo d'amor cantavan,
do meu amor e do voss' i enmentavan.
Leda m'and' eu.

Do meu amor e do voss' en ment' avian.
Vós lhi tolhestes os ramos en que siian.
Leda m'and' eu.

Do meu amor e do voss' i enmentavan.
Vós lhi tolhestes os ramos en que pousavan.
Leda m'and' eu.

Vós lhi tolhestes os ramos en que siian
e lhis secastes as fontes en que bevian.
Leda m'and' eu.

Vós lhi tolhestes os ramos en que pousavan
e lhis secastes as fontes u se banhavan.
Leda m'and' eu.

[Nuno Fernandes Torneol; NUNES, 75]

---

⁵⁰ "Levantáos, amigo, que dormís las mañanas frías: todas las
aves del mundo hablan de amor. *Alegre ando yo...* De mi amor y del
vuestro se acuerdan ellas. Vos les quitasteis los ramos en que se posa-
ban... y les sacasteis las fuentes en que bebían."

Vaiamos, irmãa, vaiamos dormir
nas ribas do lago, u eu andar vi
   a las aves meu amigo.

Vaiamos, irmãa, vaiamos folgar
nas ribas do lago, u eu vi andar
   a las aves meu amigo.

E-nas ribas do lago, u eu andar vi,
seu arco na mãao as aves ferir,
   a las aves meu amigo.

E-nas ribas do lago, u eu vi andar,
seu arco na mãao a las aves tirar,
   a las aves meu amigo.

Seu arco na mãao as aves ferir:
a las que cantavan leixa-las guarir.
   A las aves meu amigo.

Seu arco na mãao as aves tirar:
a las que cantavan non nas quer matar.
   A las aves meu amigo.

[Fernand' Esquio; NUNES, 506]

Quantas sabedes amar amigo
treides comig' a lo mar de Vigo,
   e banhar-nos emos nas ondas.

Quantas sabedes amar amado
treides comig' a lo mar levado,
   e banhar-nos emos nas ondas.

---

[51] "Vayamos, hermana, vayamos a dormir a las riberas del lago, donde yo vi andar *a caza de aves a mi amigo...* con su arco en la mano para tirarles: a las que cantan no quiere matarlas."

Treides comig' a lo mar de Vigo,
e veeremo-lo meu amigo,
e banhar-nos emos nas ondas.

Treides comig' a lo mar levado,
e veeremo-lo meu amado,
e banhar-nos emos nas ondas.

[Martin Codax; NUNES, 495]

53

Bailemos nós já todas tres, ai amigas,
so aquestas avelaneiras frolidas;
e quen fôr belida, como nós, belidas,
   se amig' amar,
so aquestas avelaneiras frolidas;
   verrá bailar.

Bailemos nós já todas tres, ai irmãas,
so aqueste ramo d'estas avelãas;
e quen fôr louçaa, como nós, louçãas,
   se amig' amar,
so aqueste ramo d'estas avelãas
   verrá bailar.

Por Deus, ai amigas, mentr' al non fazemos,
so aqueste ramo frolido bailemos;
e quen ben parecer, como nós parecemos,
   se amig' amar,
so aqueste ramo so l' que nós bailemos
   verrá bailar.

[Airas Nunes; NUNES, 258]

---

[52] "Cuantas sepáis de amores veníos conmigo al mar de Vigo, *y nos bañaremos en las olas... y veremos a mi amigo.*"
[53] "Bailemos nosotras tres, ay amigas, bajo estos avellanos floridos; y quien sea hermosa, como nosotras, hermosas, *y si ama a un amigo,* bajo estos avellanos floridos *vendrá a bailar...* Por Dios, ay amigas, mientras no hagamos otra cosa, bailemos bajo este ramo florido; y quien sea bella, como lo somos nosotras, bajo este ramo bajo el que bailamos vendrá a bailar."

No·l prenatz lo fals marit,
Jana delgada!

No·l prenatz lo fals jurat,
que pec és, mal enseynat,
Ja[na delgada!]

No·l prenatz lo mal marit,
que pec és e·z adormit,
Ja[na delgada!]

Que pec és, mal enseynat:
no sia per vós amat,
Ja[na delgada!]

Que pec és e·z adormit;
no jaga ab vós e'l lit,
Ja[na delgada!]

No sia per vós amat:
més val cel c·avetz privat,
Ja[na delgada!]

No jaga ab vós e'l lit:
més vos y valrà l'amich,
Ja[na delgada!]

[Cerverì; *apud* ROMEU "El cantar...", pág. 43]

---

⁵⁴ Según la traducción de M. de Riquer: "No lo toméis al falso marido, Juana delicada... No lo toméis al perjuro, que es un necio ignorante... No lo toméis al mal marido, que es necio y amodorrido... No sea por vos amado: más vale aquel que habéis hecho vuestro amante... No duerma con vos en la cama: más os servirá en ella el amigo."

55

[*A*] *aquel árbol que vuelve la foja*
algo se le antoja.

Aquel árbol de bel mirar
face de maña flores quiere dar.
Algo se le antoja.

Aquel árbol de bel veyer
face de maña quiere florecer.
Algo se le antoja.

Face de maña flores quiere dar,
ya se demuestra, salidlas mirar.
Algo se le antoja.

Face de maña quiere florecer,
ya se demuestra, salidlas a ver.
Algo se le antoja.

Ya se demuestra, salidlas mirar,
vengan las damas la fruta cortar.
Algo se le antoja.

Ya se demuestra, salidlas a ver,
vengan las damas la fruta coger.
Algo se le antoja.

[Diego Hurtado de Mendoza, el viejo;
Cancionero de Palacio, pág. 137]

56

Esta é Lisboa prezada:
mirá-la e leixá-la.

[FERNÃO LOPES, *Crónica*, pág. 225]

---

⁵⁵ *de bel mirar, de bel veyer* 'de hermoso aspecto'; *face de maña*
('manera') *flores quiere dar* 'parece querer dar flores'; *demuestra*
'muestra'.

⁵⁶ "Ésta es Lisboa preciada: mirarla y dejarla." (Cfr. nota siguiente.)

65

Se quiserdes carneiro,
qual deram ao Andeiro?
Se quiserdes cabrito,
qual deram ao bispo?

[FERNÃO LOPES, *Crónica*, pág. 225]

58

La vostra amor m'ich fa venir,
  senyora.

La vostra amor m'ich fa venir.
Semblau-me stela del sir,
  senyora.

La vostra amor m'ich fa passar.
Semblau-me stela del mar,
  [*senyora*].

Semblau-me stela del sir,
qui tot lo món fa resplendir,
  [*senyora*].

[Semblau-me stela del mar]
qui tot lo món fa clarejar,
  [*senyora*].

[Qui tot lo món fa resplendir.]
Amor, donàsseu-me un bon dir,
  [*senyora*].

---

[57] "¿Acaso queréis carnero, como el que dieron a Andeiro? ¿Acaso queréis cabrito, como el que dieron al obispo?" El conde Andeiro era amante de la reina Leonor Telles, mujer de Fernando I de Portugal; fue muerto en la revolución de 1383 por el Maestro de Avis, futuro Juan I de Portugal. En la misma revolución mató el pueblo al obispo castellano de Lisboa. Según Fernão Lopes, también el cantar anterior se refiere a esos acontecimientos. (Debo estos dos textos a la gentileza de L. F. Lindley Cintra.)

[Qui tot lo món fa clarejar.]
Amor, donàsseu-me un baysar,
   [*senyora*].

     [Manuscrito de 1409; *apud* ROMEU,
    "El cantar...", págs. 45-46]

59

No puch dormir soleta, no.
  Què·m faré, lassa,
  si no mi's passa?
  Tant mi turmenta l'amor!

Ay, amich, mon dolç amich,
somiat vos he esta nit!
  Què·m faré, lassa?

Somiat vos he esta nit
que·us tenia en mon lit.
  Què·m faré, lassa?

Ay, amat, mon dolç amat,
anit vos he somiat!
  Què·m faré, lassa?

Anit vos he somiat
que·us tenia en mon braç.
  Què·m faré, lassa?

  [en la traducción catalana del *Decamerone* (1429);
      apud ROMEU, "El cantar...", pág. 46]

---

[58] "Vuestro amor me ha hecho venir, señora. Vuestro amor me
ha hecho venir (pasar). Me parecéis estrella del (río) Sil (del mar)...,
que hace resplandecer (iluminarse) al mundo entero. Amor, dadme
una palabra de cariño (dadme un beso)."

[59] "No puedo dormir solita, no. ¿Qué haré, triste de mí, si esto
no cambia? ¡Tanto me atormenta el amor! Ay, amigo, mi dulce amigo,
esta noche os he soñado... que os tenía en mi cama (en mis brazos)."

60

¡Oh, Castillo de Montanges,
por mi mal te conocí!
¡Cuitada de la mi madre,
que no tiene más de a mí!

[JUAN DEL ENCINA, *Cancionero*, fol. 90]

61

¡Llorad, las damas, sí Dios os vala!
Guillén Peraza quedó en La Palma.
La flor marchita de la su cara.

No eres palma, eres retama,
eres ciprés de triste rama,
eres desdicha, desdicha mala.

Tus campos rompan tristes volcanes,
no vean placeres, sino pesares;
cubran tus flores los arenales.

Guillén Peraza, Guillén Peraza,
¿dó está tu escudo, dó está tu lanza?
Todo lo acaba la mala andanza.

[*apud* PÉREZ VIDAL, pág. 38]

62

Los comendadores,
por mi mal os vi;
yo vi a vosotros,
vosotros a mí.

---

⁶⁰ Afirma Menéndez Pidal que esta canción se relaciona con la entrada de los Infantes de Aragón en Castilla (1430).
⁶¹ *sí Dios os vala* 'así os ampare Dios'. El caballero sevillano Guillén Peraza fue muerto en 1443, cuando trataba de conquistar La Palma (Canarias). La magnífica endecha debe de haberse compuesto a raíz de ese suceso.

El comienzo malo
de mis amores,
convidó Fernando
los comendadores
a buenas gallinas,
mejores capones;
púseme a la mesa
con los señores;
nunca tiró Jorge
los ojos de mí.

Tuvo con la vista
tal conocimiento
de ver en mi cara
tal movimiento;
tomó de hablarme
atrevimiento.
De que oí, cuitada,
su pedimiento,
de amores vencida
díjele de sí.

Los comendadores
de Calatrava
partieron de Sevilla
en hora menguada,
para la ciudad
de Córdoba la llana,
con ricos trotones
y espuelas doradas;
lindos pajes llevan
delante de sí.

Por la Puerta del Rincón
hicieron su entrada
y por Santa Marina
la su pasada;
vieron a sus amores

en una ventana:
a doña Beatriz
con su criada;
tan amarga vista
fuera para sí.

Luego que pasaron
de esta manera
ante que llegasen
a la Corredera,
les vino de presto
la mensajera;
dice que Fernando
[era en la sierra],
que en los qui[n]ce días
no vernié de allí.

De que le oyeron
aquella nueva,
diéronle respuesta
de esta manera:
—Íos, madre mía,
en hora buena,
que la noche es larga
y placentera;
cenaremos temprano,
iremos a dormir.

Aún media noche
no era llegada,
ya subía Fernando
por una escala,
y entra muy feroz
por la ventana,
un arnés vestido
y espada sacada:
—Caballeros malos,
¿qué hacéis aquí?

Habló el hermano:
—Aquí me tenéis;
mi señor Hernando,
vos no me matéis;
a mi hermano Jorge
ya muerto lo habéis.
Vos de la mi muerte
poco ganaréis;
la suya os perdono
si dejáis a mí.

Dijo la cuitada
con grande recelo:
—Vos, amores míos,
habed de mí duelo,
pues ya veis mi mano
en ese suelo.
La triste, tendida
sobre su velo,
bien junta con Jorge
degollóla ahí.

Después de haber muerto
cuantos allí son,
anda por la casa
muy bravo león.
Vido un esclavo
detrás de un rincón:
—Tú, perro, supiste
también la traición,
por lo cual, malvado,
morirás aquí.

Jueves era, jueves,
día de mercado,
y en Santa Marina
hacían rebato.
Dicen que Hernando
el veinte y cuatro

había muerto a Jorge
y a su hermano
y a la sin ventura
de doña Beatriz.

[*Pliegos poéticos B. N. M.*, t. 2, págs. 163-164]

---

[62] *el comienzo* 'al comienzo'; *nunca tiró Jorge los ojos de mí* 'no apartaba de mí la vista'; *tal movimiento* 'tal alteración'; *de que* 'cuando'; *en hora menguada* 'en hora desdichada'; *trotones* 'caballos'; *la Corredera:* plaza de Córdoba; *vernié* 'vendría'; *habed de mí duelo* 'compadecéos de mí'; *hacían rebato* 'se alborotó la gente'. El cantar se refiere a un suceso real, ocurrido en 1448.

Parte II

EDAD MEDIA Y RENACIMIENTO

CANTARES DE AMOR

63

¡Bien haya quien hizo
cadenicas, cadenas,
bien haya quien hizo
cadenas de amore!

[PADILLA, *Thesoro*, fol. 403]

64

Aquel ¿si viene o no viene?,
aquel ¿si sale o no sale?
en los amores no tiene
contento que se le iguale.

[B. N. M., ms. 3924, fol. 24]

65

De las dos hermanas, dose,
¡válame la gala de la menore!

La menor es más galana,
más pulida y más lozana;
a quien quiere mata y sana:
¡válame la gala de la menore!

De las dos hermanas, dose,
¡válame la gala de la menore!

[JUAN VÁSQUEZ, *Recopilación*, II, 17]

66

De las frutas, la manzana,
de las aves, la perdiz,
de las colores, la grana,
de las damas, la Beatriz.

[TIMONEDA, *Sarao*, fol. 29]

67

Sañosa está la niña:
¡ay Dios, quién le hablaría!

En la sierra anda la niña
su ganado a repastar,
hermosa como las flores,
sañosa como la mar.
Sañosa como la mar está la niña:
¡ay Dios, quién le hablaría!

[GIL VICENTE, fol. 10]

68

Lindas son rosas y flores,
más lindos son mis amores.

[*Cancionero sevillano*, fol. 154]

---

⁶⁵ *dose* 'dos'; *válame la gala de la menore* 'viva la gracia de la menor';
pulida, *lozana* 'hermosa, agraciada'.
⁶⁷ *¡ay Dios, quién le hablaría!* '¡ay Dios, quién osara hablarle'; *a
repastar* 'apacentando'.

69

Que de vos, el guindo,
    cogeré guindas,
y de vos, mi pastora,
    palabras lindas.

[REYES MEJÍA DE LA CERDA, *Comedia
de la Zarzuela*, I]

70

Por encima de la oliva
mírame el Amor, mira.

[B. N. M., ms. 3924, fol. 67]

71

En el campo nacen flores
y en el alma los amores.

[TORQUEMADA, *Colloquios*, fol. 373]

72

Ya florecen los árboles, Juan:
¡mala seré de guardar!

Ya florecen los almendros
y los amores con ellos,
    Juan,
mala seré de guardar.

Ya florecen los árboles, Juan:
¡mala seré de guardar!

[JUAN VÁSQUEZ, *Recopilación*, II, 14]

---

⁷⁰ *la oliva* 'el olivo'.
⁷² *mala seré de guardar* 'será difícil cuidarme'.

Niña y viña, peral y habar
  malo es de guardar.

Levantéme, oh madre,
mañanica frida,
fui cortar la rosa,
la rosa florida.
Malo es de guardar.

Viñadero malo
prenda me pedía;
dile yo un cordone,
dile [yo] mi [cinta].
Malo es de guardar.

Levantéme, oh madre,
mañanica clara,
fui cortar la rosa,
la rosa granada.
Malo es de guardar.

Viñadero malo
prenda me demanda;
yo dile una [cinta],
mi [cordón le daba].
Malo es de guardar.

[*Cancionero de la Colombina*, fol. 72]

---

73 Los pasajes suplidos entre corchetes están ilegibles en el manuscrito.

¿Cuál es la niña
que coge las flores
si no tiene amores?

Cogía la niña
la rosa florida;
el hortelanico
prendas le pedía.
Si no tiene amores.

[GIL VICENTE, fol. 203]

—Que no me desnudéis,
amores de mi vida,
que no me desnudéis,
que yo me iré en camisa.

—Entrastes, mi señora,
en el huerto ajeno,
cogistes tres pericas
del peral del medio:
dejaredes la prenda
de amor verdadero.
—Que no me desnudéis,
que yo me iré en camisa.

[JUAN VÁSQUEZ, *Recopilación*, II, 39]

—Gentil caballero,
dédesme hora un beso,
siquiera por el daño
que me habéis hecho.

Venía el caballero,
venía de Sevilla,
en huerta de monjas
limones cogía,

y la prioresa
prenda le pedía:
—Siquiera por el daño
que me habéis hecho.

[MUDARRA, núm. 72]

77

No entréis en huerto ajeno,
que os dirá mal su dueño;
no entréis en huerto vedado,
que [os] dirá mal su amo.

[VALLÉS, *Refranes*, fol. 49]

78

En la fuente del rosel
lavan la niña y el doncel.

En la fuente de agua clara
con su manos lavan la cara.
Él a ella y ella a él,
lavan la niña y el doncel.

---

⁷⁶ *dédesme* 'deisme' (dadme).

En la fuente del rosel
lavan la niña y el doncel.

[JUAN VÁSQUEZ, *Recopilación*, II, 42]

79

Mano a mano los dos amores
  mano a mano.

El galán y la galana
ambos vuelven el agua clara,
  mano a mano.

[*Cancionero musical de Palacio*, 65]

80

Caballero, queráisme dejar,
  que me dirán mal.

¡Oh, qué mañanica, mañana,
la mañana de San Juan,
cuando la niña y el caballero
ambos se iban a bañar!
  Que me dirán mal.

Caballero, queráisme dejar,
  que me dirán mal.

[JUAN VÁSQUEZ, *Recopilación*, I, 13]

---

[78] *rosel* 'rosal'.
[79] *mano a mano* 'tomados de la mano'; *vuelven* 'revuelven'.
[80] 'Caballero, dejadme, que me reñirán...'

A mi puerta nace una fonte:
¿por dó saliré que no me moje?

A mi puerta la garrida
nace una fonte frida,
donde lavo la mi camisa
y la de aquel que yo más quería.
¿Por dó saliré que no me moje?

[*Cantares*, págs. 74-75]

Cervatica, que no me la vuelvas,
  que yo me la volveré.

  Cervatica tan garrida,
  no enturbies el agua fría,
  que he de lavar la camisa
  de aquel a quien di mi fe.

Cervatica, que no me la vuelvas,
  que yo me la volveré.

  Cervatica tan galana,
  no enturbies el agua clara,
  que he de lavar la delgada
  para quien yo me lavé.

Cervatica, que no me la vuelvas,
  que yo me la volveré.

[B. N. M., ms. 3913, fol. 70]

---

[82] 'Cervatica, no me la revuelvas o enturbies [el agua]...'; *mi fe* 'mi amor'; *la delgada* 'la camisa'; *para quien yo me lavé* 'para mi amado'.

Orillicas del río,
  mis amoresé,
y debajo de los álamos
  me atendé.

[COVARRUBIAS, pág. 163]

84

No me habléis, conde,
de amor en la calle,
catá que os dirán male,
conde, la mi madre.

Mañana iré, conde,
a lavar al río,
allí me tenéis, conde,
a vuestro servicio.
Catá que os dirán male,
conde, la mi madre.

No me habléis, conde,
de amor en la calle,
catá que os dirán male,
conde, la mi madre.

[FUENLLANA, fol. 136]

85

Si te vas a bañar, Juanilla,
dime a cuáles baños vas.

[*Cancionero de Upsala*, núm. 31]

---

[83] *amoresé:* parágoge de *amores* 'amado o amada'; *me atendé* 'esperadme'.
[84] *catá que os dirán male* 'mirad que os reñirá'.

86

A los baños del amor
    sola me iré,
y en ellos me bañaré.

[*Cancionero musical de Palacio*, 149]

87

Enviárame mi madre
por agua a la fonte fría:
vengo del amor ferida.

[*Cancioneiro de Évora*, núm. 56]

88

Envíame mi madre
por agua sola:
¡mirad a qué hora!

[CORREAS, *Arte*, pág. 446]

89

A que horas me mandais
    aos olivaes!

[GIL VICENTE, fol. 167]

90

A coger amapolas,
madre, me perdí:
¡caras amapolas
fueron para mí!

[CORREAS, *Arte*, pág. 453]

---

89 *aos olivaes* 'a los olivares'.
90 'Cogiendo amapolas...'

91

Dentro en el vergel
    moriré,
dentro en el rosal
    matarme han.

Yo me iba, mi madre,
las rosas coger,
hallé mis amores
dentro en el vergel.
[Moriré.]
Dentro en el rosal
    matarme han.

[*Cancionero musical de Palacio*, 366]

92

—Donde vindes, filha,
branca e colorida?

—De lá venho, madre,
de ribas de um rio;
achei meus amores
num rosal florido.
—Florido, enha filha,
branca e colorida?

—De lá venho, madre,
de ribas de um alto;
achei meus amores
num rosal granado.
—Granado, enha filha,
branca e colorida?

[GIL VICENTE, fol. 240]

---

[91] *en el rosal* 'en la rosaleda'.
[92] "—¿De dónde venís, hija, blanca y colorada? —De ahí vengo, madre, de riberas de un río; hallé a mi amado en una rosaleda florida. —¿Florida, hija mía, blanca y colorada?" (En la segunda estrofa *alto y granado* equivalen a *rio y florido.*)

La sierra es alta
y áspera de sobir;
los caños corren agua
y dan en el toronjil.

Madre, la mi madre,
del cuerpo atán garrido,
por aquella sierra,
de aquel lomo erguido,
iba una mañana
el mi lindo amigo;
llaméle con mi toca
y con mis dedos cinco.
Los caños corren agua
y dan en el toronjil.

[PADILLA, *Thesoro*, fol. 402]

Aquellas sierras, madre,
altas son subir;
corrían los caños,
daban en un toronjil.

Madre, aquellas sierras
llenas son de flores;
encima de ellas
tengo mis amores.
Corrían los caños,
daban en un toronjil.

[PISADOR, fols. 13-14]

So el encina, encina,
  so el encina.

Yo me iba, mi madre,
a la romería,
por ir más devota
fui sin compañía.
  So el encina.

Por ir más devota
fui sin compañía,
tomé otro camino,
dejé el que tenía.
  [So el encina.]

[Tomé otro camino,
dejé el que tenía;]
halléme perdida
en una montiña.
  [So el encina.]

[Halléme perdida
en una montiña;]
echéme a dormir
al pie del encina.
  [So el encina.]

[Echéme a dormir
al pie del encina;]
a la media noche
recordé, mezquina.
  [So el encina.]

[A la media noche
recordé, mezquina,]
halléme en los brazos
del que más quería.
  [So el encina.]

[Halléme en los brazos
del que más quería;]
pesóme, cuitada,
desque amanecía.
    [So el encina.]

[Pesóme, cuitada,
desque amanecía,]
porque ya   gozaba
del que más quería.
    [So el encina.]

[Porque ya gozaba
del que más quería:]
¡muy bendita sía
la tal romería!
    [So el encina.]

[*Cancionero musical de Palacio*, 20]

96

¡Quién me ahora [a]cá mi sayo,
    cuitado!
¡Quién me ahora [a]cá mi sayo!

El mozo y la moza
van en romería,
tómales la noche
'n aquella montina.
¡Cuitado,
quién me ahora [a]cá mi sayo!

---

⁹⁵ *So el encina* 'bajo la encina'; *montiña* 'bosque'; *recordé, mezquina*
'desperté, pobre de mí'.

Tómales la noche
'n aquella montina,
la moza cantaba,
el mozo decía:
—¡Cuitado,
quién me ahora [a]cá mi sayo!

[GIL VICENTE, fol. 175]

97

Mimbrera, amigo,
so la mimbrereta.

Y los dos amigos
idos se son, idos,
so los verdes pinos.
So la mimbrereta.

Mimbrera, amigo,
so la mimbrereta.

Y los dos amados
idos se son ambos
so los verdes prados.
So la mimbrereta.

[LOPE DE RUEDA, *Obras*, t. 2, págs. 359, 362]

98

Vayámonos ambos,
amor, vayamos,
vayámonos ambos.

Felipa e Rodrigo
passavam o rio.
Amor, vayámonos.

[GIL VICENTE, fol. 172]

---

96 '¡Quién me diera ahora mi sayo!'; *montina* 'bosque'.
97 *so* 'debajo de'.
98 *passavam o rio* 'pasaban el río'.

En la huerta nace la rosa:
  quiérome ir allá
por mirar al ruiseñor
  cómo cantabá.

Por las riberas del río
limones coge la virgo.
  Quiérome ir allá
por mirar al ruiseñor
  cómo cantabá.

Limones cogía la virgo
para dar al su amigo.
  Quiérome ir allá
para ver al ruiseñor
  cómo cantabá.

Para dar al su amigo
en un sombrero de sirgo.
  Quiérome ir allá
[para ver al ruiseñor
  cómo cantabá.]

[GIL VICENTE, fol. 17]

100

E se ponerei la mano em vós,
  garrido amor?

Um amigo que eu havia
mançanas de ouro me envia.
  Garrido amor.

---

[99] *la virgo* 'la doncella'.

Um amigo que eu amava
mançanas de ouro me manda.
   Garrido amor.

Mançanas de ouro me envia:
a melhor era partida.
   Garrido amor.

[GIL VICENTE, fol. 174]

101

Tres morillas me enamoran
  en Jaén:
Axa y Fatimá y Marién.

Tres morillas tan garridas
iban a coger olivas,
y hallábanlas cogidas
  en Jaén:
Axa y Fatimá y Marién.

Y hallábanlas cogidas
y tornaban desmaídas
y las colores perdidas
  en Jaén:
Axa y Fatimá y Marién.

Tres moricas tan lozanas
iban a coger manzanas,
[y cogidas las hallaban]
  [en] Jaén:
Axa y Fatimá y Marién.

[*Cancionero musical de Palacio*, 24]

---

[100] "¿Acaso llegarás a ser mía, hermosa amada? Un amigo que yo tenía (que yo amaba) manzanas de oro me envía (me manda):..., la mejor de ellas estaba partida."

[101] *olivas* 'aceitunas'; *desmaídas* 'desmayadas'; *las colores perdidas* 'pálidas, descoloridas'.

102

Lo que demanda el romero, madre,
Lo que demanda no ge lo dan.

A las puertas de su amiga
[una limosna de amor pedía].
Lo que demanda no ge lo dan.

[*Cancionero musical de Palacio*, 365]

103

El amor que me bien quiere
agora viene.

El amor que me bien quería
una empresa me pedía.
Agora viene.

[*Cancionero musical de Palacio*, 144]

104

Que non dormiré sola, non,
sola y sin amor.

[*Cancionero classense*, núm. 223]

105

La niña que los amores ha
sola ¿cómo dormirá?

[Santillana(?), en *Espejo de enamorados*, pág. 62]

106

Porque duerme sola el agua
amanece helada.

[B. N. M., ms. 3913, fol. 18]

---

[103] *una empresa* 'una prenda (de amor)'.

Que me muero, madre,
   con soledade.

[*Cancionero de Peraza*, fol. 1]

108

¡Si viniese ahora,
   ahora que estoy sola!

[GÓNGORA, t. 2, núm. 419]

109

Si viese e me levase,
por miña vida que no gridase.

Meu amigo atán garrido
si viese o domingo,
por miña vida que no gridase.

[MUDARRA, núm. 74]

110

Al alba venid, buen amigo,
   al alba venid.

Amigo, el que yo más quería,
venid al alba del día.

(Amigo, el que yo más quería,
venid a la luz del día).

Amigo, el que yo más amaba,
venid a la luz del alba.

---

[109] "Si viniese y me llevase, por vida mía que no gritaría..."

Venid a la luz del día,
non trayáis compañía.

Venid a la luz del alba,
non traigáis gran compaña.

[*Cancionero musical de Palacio*, 7]

111

A sombra de mis cabellos
se adurmió:
¿si le recordaré yo?

[*Cancionero musical de Palacio*, 360]

112

Ya cantan los gallos,
buen amor, y vete,
cata que amanece.

[*Cancionero musical de Palacio*, 155]

113

Anau-vos-en, la mia amor,
anau-vos-en.

Que la gent se va despertant,
e lo gall vos diu en cantant:
"anau-vos-en".

[ms. del siglo xv, *apud* AGUILÓ]

---

111 *recordaré* 'despertaré'.

112 *cata que* 'mira que'.

113 «Íos de aquí, amigo mío, íos de aquí. Que la gente se está despertando, y el gallo os dice cantando: "íos de aquí".»

Pues bien, ¡para ésta!,
que agora venirán
soldados de la guerra,
madre mía, y llevarme han.

Éramonos tres hermanas,
y comigo que son cuatro;
todas tres son ya casadas,
de mí no tienen cuidado.
Pues bien, ¡para ésta!,
que agora venirán
soldados de la guerra,
madre mía, y llevarme han.

—No me des tales clamores,
hija, por tu vida espera:
tus hermanas son mayores,
tú eres la postrimera.
—¿Que espere, que sufra?
¡Pues agora venirán
[soldados de la guerra,
madre mía, y llevarme han!]

¡Ay de mí, desventurada,
qué vida me da mi madre!
Que ya yo fuera casada
si fuera vivo mi padre:
murióse y dejóme,
¡mas agora venirán
[soldados de la guerra,
madre mía, y llevarme han!]

—Hija de mi corazón,
no vivas en tal gemido:
sólo por esa razón
te daré luego marido.

---

[114] *¡para ésta!* 'para esta cruz' (juramento).

—¡Pues délo, pues venga!
Si no, agora venirán
[soldados de la guerra,
madre mía, y llevarme han.]

[*Cancionero musical de Palacio*, 389]

115

Mariquita me llaman
los arrieros,
Mariquita me llaman,
voyme con ellos.

[LOPE DE VEGA, *Servir a señor discreto*, II]

116

Si eres niña y has amor,
¿qué harás cuando mayor?

[*Romancero general*, núm. 370]

117

Dice mi madre que olvide el amor:
¡acábelo ella con el corazón!

[*Cancionero classense*, núm. 1]

118

—Meterte quiero yo monja,
hija mía y de mi corazón.
—Que no quiero ser monja, no.

[*Farsa penada*]

---

117 El sentido del segundo verso es 'persuada ella al corazón'.

119

No quiero ser monja, no,
que niña namoradica so.

[*Cancionero musical de Palacio*, 9]

120

¿Agora que sé de amor
  me metéis monja?
¡Ay Dios, qué grave cosa!

Agora que sé de amor
  de caballero,
¿agora me metéis monja
en el monesterio?
¡Ay Dios, qué grave cosa!

[Juan Vásquez, *Recopilación*, I, 10]

121

Agora que soy niña
  quiero alegría,
que no se sirve Dios
  de mi monjía.

Agora que soy niña,
  niña en cabello,
¿me queréis meter monja
  en el monesterio?
¡Que no se sirve Dios
  de mi monjía!

Agora que soy niña
  quiero alegría,
que no se sirve Dios
  de mi monjía.

[Juan Vásquez, *Recopilación*, II, 12]

---

[121] *niña en cabello* 'doncella'.

122

Aunque me vedes morenica en el agua,
   no seré yo fraila.

Una madre que a mí crió
mucho me quiso y mal me guardó;
a los pies de mi cama los canes ató;
atólos ella, desatélos yo,
metiera, madre, al mi lindo amor.
   No seré yo fraila.

Una madre que a mí criara
mucho me quiso y mal me guardara;
a los pies de mi cama los canes atara;
atólos ella, yo los desatara,
y metiera, madre, al que más amaba.
   No seré yo fraila.

[*Cantares*, págs. 66-67]

123

Aunque yo quiero ser beata,
¡el amor, el amor me lo desbarata!

[*Cancionero sevillano*, fol. 229]

124

Del amor vengo yo presa,
   presa del amor.

[*Silva de 1561*, fol. 190]

---

¹²² *vedes* 'veis'; *fraila* 'monja'; *me guardó* 'me cuidó'.

125

Con amores, mi madre,
con amores me adormí.

[*Cancionero musical de Palacio*, 335]

126

No puedo apartarme
de los amores, madre,
no puedo apartarme.

    María y Rodrigo
    arman un castillo.
De los amores, madre,
no puedo apartarme.

No puedo apartarme
de los amores, madre,
no puedo apartarme.

[JUAN VÁSQUEZ, *Recopilación*, II, 45]

127

A la villa voy,
de la villa vengo,
si no son amores,
no sé qué me tengo.

[*Cancionero de Elvas*, I, 63]

128

Dícenme que tengo amiga,
  y no lo sé;
por sabello moriré.

Dícenme que tengo amiga
de dentro de aquesta villa,

y aunque está en esta bailía,
   y no lo sé;
por sabello moriré.

Dícenme que tengo amada
de dentro de aquesta plaza,
y que está en esta baila,
   y no lo sé;
por sabello moriré.

[*Cantares*, pág. 67]

129

Yendo y viniendo
voyme enamorando:
una vez riendo
y otra vez llorando.

[MILÁN, *Cortesano*, pág. 175]

130

Madre, una mozucla
que en amores me habló,
¡piérdala su madre
y hallásemela yo!

[*Pliegos poéticos Praga*, t. 1, pág. 4]

131

¡Agora viniese un viento
que me echase acullá dentro!

Agora viniese un viento
tan bueno como querría
que me echase acullá dentro

---

128 *bailía, baila* 'corro'.
130 *en amores* 'de amores'.

en faldas de mi amiga,
y me hiciese tan contento
que me echase acullá dentro.

[MILÁN, *Libro de música*, fol. 41]

132

Volava la pega y vai-se:
quem me la tomasse!

Andava la pega
no meu cerrado,
olhos morenos,
bico dourado:
quem me la tomasse!

[GIL VICENTE, fol. 170]

133

Sospiró una señora
que yo vi:
¡ojalá fuese por mí!

[MILÁN, *Libro de música*, fol. 40]

134

De mi amor querría saber
si me quiere bien.

[*Cancionero de Peraza*, fol. 98]

---

[132] "Vuela la pega (la urraca) y vase: ¡ojalá pudiera yo agarrarla!
Andaba la pega en mi cercado: ojos morenos, pico dorado."

[A] aquel caballero, madre,
que de amores me fabló
más que a mí le quiero yo.

[*Cancionero musical de Palacio*, 329]

136

No me firáis, madre,
yo os lo diré:
mal de amores he.

Madre, un caballero
de casa del rey
siendo yo muy niña
pidióme la fe;
dísela yo, madre,
no lo negaré.
Mal de amores he.

No me firáis, madre,
yo os lo diré:
mal de amores he.

[JUAN VÁSQUEZ, *Recopilación*, II, 32]

137

Não me firais, madre,
que eu direi a verdade.

Madre, um escudeiro
da nossa rainha
falou-me de amores,
vereis que dezia.
Eu direi a verdade.

---

[136] *he* 'tengo'; *pidióme la fe* 'pidióme la promesa de amarlo'.

Falou-me de amores,
vereis que dezia:
"Quem te me tivesse
desnuda em camisa!"
Eu direi a verdade.

[GIL VICENTE, fol. 174]

138

Aquí no hay
sino ver y desear;
    aquí no veo
sino morir con deseo.

Madre, un caballero
que estaba en este corro
    a cada vuelta
hacíame del ojo;
yo, como era bonica,
teníaselo en poco.

Madre un escudero
que estaba en esta baila
    a cada vuelta
asíame de la manga;
yo, como soy bonica,
teníaselo en nada.

[CASTILLEJO, t. 2, pág. 60]

139

Perdida traigo la color:
todos me dicen que lo he de amor.

Viniendo de la romería
    encontré a mi buen amor;
    pidiérame tres besicos:

---

[137] "No me hiráis, madre, que yo diré la verdad: Madre, un escu-
dero de nuestra reina hablóme de amores, veréis qué decía:... ¡Ojalá
pudiera yo teneros sin más ropa que la camisa!"
[138] *hacíame del ojo* 'me guiñaba el ojo'; *baila* 'corro'.

luego perdí la color.
Dicen a mí que lo he de amor.

Perdida traigo la color:
todos me dicen que lo he de amor.

[JUAN VÁSQUEZ, *Villancicos*]

140

[A] aquel caballero, madre,
tres besicos le mandé;
creceré y dárselos he.

[*Cancionero del British Museum*, núm. 95]

141

Besóme el colmenero,
que a la miel me supo el beso.

[FERNÁNDEZ DE HEREDIA, pág. 126]

142

Porque te besé, carillo,
me riñó mi madre a mí:
torna el beso que te di.

[*Cancionero sevillano*, fol. 283]

143

Guárdame las vacas,
carillejo, y besarte he,
si no, bésame tú a mí,
que yo te las guardaré.

[CASTILLEJO, t. 2, pág. 141]

---

[139] "He perdido el color: todos me dicen que es porque estoy enamorada."
[140] *le mandé* 'le prometí'.
[142] *carillo* 'querido'.
[143] *carillejo* 'querido'.

144

—Dime, pajarito, que estás en el nido:
la dama besada, ¿pierde marido?
—No, la mi señora, si fue en escondido.

[CORREAS, *Vocabulario*, pág. 324]

145

Arrojóme las naranjitas
con el ramo del verde azahar,
arrojómelas y arrojóselas,
y volviómelas [a] arrojar.

[VALDIVIELSO, *Romancero 1612*, fol. 142]

146

¡Quedito, no me toquéis,
entrañas mías,
que tenéis las manos frías!

[B. N. M., ms. 4072, fol. 10]

147

Perricos de mi señora,
¡no me mordades agora!

[SALINAS, *De musica*, pág. 356]

---

[146] *quedito* 'quietecito'.

Dame el camisón, Juanilla,
mas dame hora, Juana, la camisa.

Dame el camisón labrado,
mas la camisa que me has tomado;
dame hora, Juana, la camisa.

Dame el camisón, Juanilla,
mas dame hora, Juana, la camisa.

[DIEGO SÁNCHEZ DE BADAJOZ, fol. 81]

149

—Cobarde caballero,
¿de quién habedes miedo?

¿De quién habedes miedo
durmiendo conmigo?
—De vos, mi señora,
que tenéis otro amigo.
—¿Y de eso habedes miedo,
cobarde caballero?

Cobarde caballero,
¿de quién habedes miedo?

[JUAN VÁSQUEZ, *Recopilación*, II, 24]

150

Quiero dormir y no puedo,
que el amor me quita el sueño.

Manda pregonar el rey
por Granada y por Sevilla
que todo hombre namorado
que se case con su amiga.
Que el amor me quita el sueño.

---

149 *habedes* 'tenéis'; *que tenéis* 'que tengáis'.

Quiero dormir y no puedo,
que el amor me quita el sueño.

[Que todo hombre namorado
que se case con su amiga.]
¿Qué haré, triste cuitado,
que es ya casada la mía?
Que el amor me quita el sueño.

Quiero dormir y no puedo,
que el amor me quita el sueño.

[JUAN VÁSQUEZ, *Villancicos*]

151

Quien amores tiene,
    ¿cómo duerme?
Duerme cada cual
    como puede.

Quien amores tiene
    de la casada,
¿cómo duerme
    la noche ni el alba?
Duerme cada cual
    como puede.

Quien amores tiene,
    ¿cómo duerme?
Duerme cada cual
    como puede

[JUAN VÁSQUEZ, *Recopilación*, II, 15]

152

Miño amor, dexistes "ay",
veño a ver cómo vos vai.

Miño amor tan garrido,
firióos vuestro marido;
veño a ver cómo vos vai.

Miño amor tan lozano,
firióos vuestro velado;
veño a ver cómo vos vai.

[*Cancionero musical de Palacio*, 61]

153

Feridas tenéis, mi vida,
y duelenvós:
tuviéralas yo, y no vos.

[LEDESMA, *Conceptos*, pág. 15]

154

¿A quién contaré yo mis quejas,
mi lindo amor?
¿A quién contaré yo mis quejas,
si a vos no?

[SALINAS, *De musica*, pág. 326]

155

Decilde al caballero
que no se queje,
que yo le doy mi fe
que non le deje.

---

[152] "Amor mío, dijisteis «ay», vengo a ver cómo os va. Amor mío
tan garrido, hirióos vuestro marido; vengo a ver como os va." (En la
otra estrofa, *lozano* 'hermoso', *velado* 'marido'.)

Decilde al caballero
cuerpo garrido
que non se queje
en ascondido.
Que yo le doy mi fe
que non le deje.

[*Cancionero de Upsala*, núm. 49]

156

Por vida de mis ojos,
el caballero,
por vida de mis ojos,
bien os quiero.

Por vida de mis ojos
y de mi vida,
que por vuestros amores
ando perdida.

Por vida de mis ojos,
el caballero,
por vida de mis ojos,
bien os quiero.

[Juan Vásquez, *Recopilación*, II, 44]

157

Ai, amor, amor, amor,
quan serem los dos d'un cor!

[*Cancionero de Íxar*, núm. 107]

---

[155] *que yo le doy mi fe que non le deje* 'que le prometo no abando-
narlo'; *ascondido* 'escondido'.
[157] "...¡cuándo tendremos los dos un solo corazón!"

Morenica, dime cuándo
tú serás de mi bando;
¡ay, dime cuándo, morena,
dejarás de darme pena!

[PADILLA, *Romancero*, fol. 285]

159

¡Quién vos había de llevar, ojalá!
    ¡Ay, Fatimá!

Fatimá la tan garrida,
levaros he a Sevilla,
teneros he por amiga.
        ¡Ojalá!
    ¡Ay, Fatimá!

[*Cancionero musical de Palacio*, 116]

160

Poder tenéis vos, señora,
de matar el amor en un hora.

Poder tenéis vos, señora,
y del rey dada licencia,
de matar el amor en un hora
sin espada y sin rodela.
Y sin rodela, señora,
de matar el amor en un hora.

Poder tenéis vos, señora,
y del rey licencia dada,
de matar el amor en un hora

---

[159] '¡Ojalá sea yo quien os lleve, ay, Fátima!'

sin rodela y sin espada.
Y sin espada, señora,
de matar el amor en un hora.

[*Cantares*, págs. 61-62]

161

Vos me matastes,
niña en cabello,
vos me habéis muerto.

Ribera de un río
vi moza virgo.
Niña en cabello,
vos me habéis muerto.

[Juan Vásquez, *Recopilación*, I, 15]

162

Que bien me lo veo y bien me lo sé
que a tus manos moriré.

[*Cancionero musical de Palacio*, 129]

163

Torre de la niña, y date,
si no, darte he yo combate.

[*Cancionero musical de Palacio*, 341]

---

[161] *niña en cabello* y *moza virgo* 'doncella'.
[163] El pretendiente equipara a su amada con una fortaleza y la amenaza con atacarla si ella no se rinde. Otra versión (del cancionero *Flor de enamorados*) dice: "Castillo, dáteme, date, / si no, yo darte [he] combate." Entre los cantares hispánicos de tipo folklórico es éste el único conocido que desarrolla el tema de la *militia amoris*, o sea, de la equiparación del amor con la guerra.

164

Por aquí daréis la vuelta,
    el caballero,
por aquí daréis la vuelta,
    si no, me muero.

[LOPE DE VEGA, *El Conde Fernán González*, I]

165

Si pasáis por los míos umbrales,
¡ay de vos si no me mirades!

[*Baile del Sotillo de Manzanares*]

166

Mira, Juan, lo que te dije,
    no se te olvide.

Mira, Juan, lo que te dije
    en barrio ajeno,
que me cortes una rueca
    de aquel ciruelo.
De aquel ciruelo te dije,
    no se te olvide.

[ESTEBAN DAZA, fols. 109-111]

167

Dame del tu amor, señora,
    siquiera una rosa;
dame del tu amor, galana,
    siquiera una rama.

[CÁRCERES, ensalada "La trulla"]

---

[164] *daréis la vuelta* 'volveréis'.
[166] Los mozos solían hacer ruecas y regalarlas a sus novias en señal
de amor.

Si queréis que os enrame la puerta,
vida mía de mi corazón,
si queréis que os enrame la puerta,
vuestros amores míos son.

[*Laberinto amoroso*, pág. 47]

169

¡Cordón, el mi cordón,
ceñidero de mi lindo amor!

[GONZÁLEZ DE ESLAVA, pág. 271a]

170

Y al alboré y al alboré,
niña, te lo diré.

[LEÓN, entremés del *Abad del Campillo*]

171

¡Ay, qué linda que sois, María,
ay, cómo que sois linda!
¡Ay, qué linda que sois, morena,
ay, cómo que sos buena!

[*Pastora de Manzanares*, fol. 118]

---

[168] Era costumbre que en la víspera de ciertas fiestas los muchachos rodearan de ramas y flores las puertas de las mozas que cortejaban; si ellas aceptaban esa ofrenda, era señal de que correspondían al amor de sus pretendientes.

[170] *alboré* 'albor'.

[171] *sos buena* 'sois hermosa'.

172

Menina da mantellina,
¡cómo sois tan bonetina!

[GONZÁLEZ DE ESLAVA, pág. 272a]

173

Isabel, boca de miel,
    cara de luna,
en la calle do moráis
no hallarán piedra ninguna.

[CORREAS, *Vocabulario*, pág. 164a]

174

¡Ojos, mis ojos,
    tan garridos ojos!

[*Cancionero musical de Palacio*, 218]

175

Tales ollos como los vosos
nan os hay en Portugal.

Todo Portugal andéi,
nunca tales ollos achéi.

Tales ollos como los vosos
nan os hay en Portugal.

[JUAN VÁSQUEZ, *Recopilación*, II, 41]

---

[172] "Niña de la mantilla, ¡qué hermosa sois!"
[175] "Tales ojos como los vuestros no los hay en Portugal. Todo Portugal recorrí y nunca hallé tales ojos."

Ojos de la mi señora,
¿y vos qué habedes?
¿Por qué vos abajades
cuando me veedes?

[*Cancionero de Herberay*, núm. 16]

177

Niña, erguídeme los ojos,
que a mí enamorado me han.

[*Cancionero musical de Palacio*, 72]

178

¡Ábalos tus ojos,
    linda morena,
ábalos, ábalos,
    que me dan pena!

[Timoneda, *Sarao*, fol. 37]

179

Abaja los ojos, casada,
no mates a quien te miraba.

Casada, pechos hermosos,
abaja los ojos graciosos.
No mates a quien te miraba.

---

[176] "Ojos de mi señora, ¿qué es lo que tenéis? ¿Por qué os bajáis
cuando me veis?"

[177] "Niña, levantad los ojos (miradme)..."

[178] *ábalos* 'desvíalos, apártalos'.

Abaja los ojos, casada,
[no mates a quien te miraba].

[JUAN VÁSQUEZ, *Villancicos*]

180

No me las enseñes más,
que me matarás.

Estábase la monja
en el monesterio,
sus teticas blancas
de so el velo negro.
Más,
que me matarás.

[DIEGO SÁNCHEZ DE BADAJOZ, fol. 142]

181

Por una vez que mis ojos alcé
dicen que yo lo maté.

Ansí vaya, madre,
virgo a la vegilla,
como al caballero
no le di herida.

Por una vez que mis ojos alcé
dicen que yo lo maté.

[JUAN VÁSQUEZ, *Recopilación*, II, 37]

---

[179] *te miraba* 'te mira'.
[180] *de so el velo* 'debajo del velo'.
[181] *Ansí vaya, madre, virgo a la vegilla como...* 'si yo herí al caballero, que me castigue Dios y no permita que yo vaya virgen a la velación'.

Mis ojuelos, madre,
valen una ciudade.

Mis ojuelos, madre,
tanto son de claros,
cada vez que los alzo
merecen ducados.
Ducados, mi madre,
valen una ciudade.

Mis ojuelos, madre,
tanto son de veros,
cada vez que los alzo
merecen dineros.
Dineros, mi madre,
valen una ciudade.

[*Cantares*, pág. 62]

183

Si de amores mato a Juan,
si le mato, matarme han.

[*Cartapacios salmantinos*, pág. 161]

184

Que yo, mi madre, yo,
que la flor de la villa me so.

Enviárame mi madre
a vender pan a la villa;
cuantos me vieron decían:

---

[182] *tanto son de claros* 'son tan claros'; *veros* 'de color claro, cambiante: entre grises y azules'.

"¡Qué panadera garrida!"
Garrida me era yo,
que la flor de la villa me so.

[VILA, *Madrigales*, pág. 60]

185

Si me llaman, a mí llaman,
que cuido que me llaman a mí.

En aquella sierra erguida
—cuido que me llaman a mí—
llaman a la más garrida;
que cuido que me llaman a mí.

Si me llaman, a mí llaman,
que cuido que me llaman a mí.

[JUAN VÁSQUEZ, *Recopilación*, II, 31]

186

Gritos daban en aquella sierra:
¡ay, madre!, quiérome ir a ella.

En aquella sierra erguida
gritos daban a Catalina.
¡Ay, madre!, quiérome ir a ella.

[*Cancionero musical de Palacio*, 15]

---

[184] *me so* 'me soy'.
[185] *cuido que* 'creo que'.

187

Sobre mi armavam guerra;
ver quero eu quem a mi leva.

Três amigos que eu havia
sobre mi armam prefia.
Ver quero eu quem a mi leva.

[GIL VICENTE, fol. 33]

188

A mi seguem os dous açores,
um deles morira d'amores.

Dous açores que eu havia
aqui andam nesta bailia.
Um deles morira d'amores.

[GIL VICENTE, fol. 170]

189

Dos ánades, madre,
que van por aquí
mal penan a mí.

[*Cancionero musical de Palacio*, 177]

---

[187] "Sobre mí arman un pleito: quiero ver quién gana y se queda conmigo. Tres amigos que tengo sobre mí arman una disputa: quiero ver..."

[188] "Me persiguen dos azores [galanes]: uno de ellos morirá de amores. Dos azores que yo tenía andan aquí en este corro..."

[189] Como los azores de la canción anterior, estos ánades o patos simbolizan a los pretendientes.

190

Pues que me tienes,
Miguel, por esposa,
mírame, Miguel,
cómo soy hermosa.

[*Cancionero de Medinaceli*, núm. 42]

191

No tengo cabellos, madre,
mas tengo bonico donaire.

No tengo cabellos, madre,
que me lleguen a la cinta,
mas tengo bonico donaire
con que mato a quien me mira.
Mato a quien me mira, madre,
con mi bonico donaire.

No tengo cabellos, madre,
mas tengo bonico donaire.

[JUAN VÁSQUEZ, *Recopilación*, II, 38]

192

Peinarme quiero yo, madre,
porque sé
que a mis amores veré.

[*Chistes hechos por diversos autores*, pág. 28]

193

Soltáronse mis cabellos,
madre mía.
¡Ay, con qué me los prendería!

[ARBOLANCHE, fol. 18]

Por un pajecico
del corregidor
peiné yo, mi madre,
mis cabellos hoy.

Por un pajecillo
de los que más quiero
me mudé camisa
labrada de negro
y peiné, mi madre,
mis cabellos hoy:
por un pajecillo
del corregidor.

[B. N. M., ms. 5566, fol. 616]

195

¡Cómo lo tuerce y lava
la monjita el su cabello!
¡Cómo lo tuerce y lava,
luego lo tiende al hielo!

[B. N. M., ms. 3915, fol. 318]

196

Aunque soy morena,
blanca yo nací:
guardando el ganado
la color perdí.

[B. N. M., ms. 3915, fol. 320]

197

Criéme en aldea,
híceme morena;
si en villa me criara,
más bonica fuera.

[HOROZCO, *Cancionero*, pág. 108]

198

Blanca me era yo
cuando entré en la siega;
diome el sol,
y ya soy morena.

[LOPE DE VEGA, *El gran duque de Moscovia*, II]

199

Con el aire de la sierra
tornéme morena.

[*Cancionero sevillano*, fol. 58]

200

Por el río del amor, madre,
que yo blanca me era, blanca,
y quemóme el aire.

[B. N. M., ms. esp. 371, fol. 18]

201

Que si soy morena,
madre, a la fe,
que si soy morenita,
yo me lo pasaré.

[*Laberinto amoroso*, pág. 137]

---

201 *a la fe* 'a fe mía'.

Aunque soy morena,
no soy de olvidar,
que la tierra negra
pan blanco suele dar.

[B. N. M., ms. 3915, fol. 320]

203

Aunque soy morenita un poco,
  no me doy nada:
con el agua del almendruco
  me lavo la cara.

[B. N. M., ms. 3915, fol. 318]

204

Morenica me era yo:
dicen que sí, dicen que no.

Unos que bien me quieren
  dicen que sí;
otros que por mí mueren
  dicen que no.

Morenica me era yo:
dicen que sí, dicen que no.

[JUAN VÁSQUEZ, *Recopilación*, I, 8]

205

No me llaméis "sega la herba",
  sino morena.

Un amigo que yo había
"sega la herba" me decía.

---

²⁰³ *no me doy nada* 'no se me da nada, no me importa'.

No me llaméis "sega la herba",
sino morena.

[JUAN VÁSQUEZ, *Recopilación*, II, 43]

206

Enojástesos, señora:
mucho más os quiero agora.

Enojástesos, señora,
cuando mi pena os decía;
mucho más os quiero agora
que a mi alma y a mi vida.
Ni a mi vida, señora:
mucho más os quiero agora.

Enojástesos, señora,
cuando mi pena os mostraba;
mucho más os quiero agora
que a mi vida ni a mi alma.
Ni a mi alma, señora:
mucho más os quiero agora.

[*Cantares*, pág. 60]

207

Desdeñastesmé,
mas no vos desdeñaré.

[FERNANDO DE LA TORRE, p. 149*a*]

208

Mientre más mal me tratáis,
mucho más me enamoráis.

[*Pliegos poéticos B. N. M.*, t. 1, pág. 210]

---

[205] *sega la herba:* apodo despectivo, del tipo de *ganapán*.
[208] *mientre* 'mientras'.

Mal airados vienen
mis amores, ¡eh!
No sé por qué.

[CORREAS, *Vocabulario*, pág. 528a]

210

¿Quién os ha mal enojado,
mi buen amor?
¿Quién os ha mal enojado?

[MONTESINO, fol. 31]

211

Toros corren, mi lindo amigo,
no salgáis al coso, no,
que de veros moriré yo.

[B. N. M., ms. 3700, fol. 35]

212

No salgáis de noche a caza,
el caballero,
que hace la noche escura, lindo amor,
y muérome de miedo.

[B. N. M., ms. 3890, fol. 14]

213

Llaman a la puerta,
y espero yo al mi amor.
¡Ay, que todas las aldabadas
me dan en el corazón!

[B. N. M., ms. 17,557, fol. 63]

214

Mi querido es ido al monte,
y ya tañen la oración:
no se puede tardar, no.

[*Cancionero de Turín*, núm. 41]

215

Madre mía, amores tengo:
¡ay de mí, que no los veo!

[*Pliegos poéticos Praga*, t. 1. pág. 328]

216

Los ojos de la niña
lloran sangre;
ahora venirá
quien los acalle.

[FERNÁNDEZ DE HEREDIA, pág. 110]

217

Ojos morenos,
¿cuándo nos veremos?

[JUAN VÁSQUEZ, *Recopilación*, I, 21]

218

Véante mis ojos,
y muérame yo luego,
dulce amor mío
y lo que yo más quiero.

[MONTEMAYOR, *Las obras*, fol. 18]

---

²¹⁵ *amores* es (a la vez que el amor) el ser amado.

219

¡Ay, cómo tardas, amigo!
¡Ay, cómo tardas, amado!

[Eugenio de Salazar, Silva]

220

Si la noche hace escura,
y tan corto es el camino,
¿cómo no venís, amigo?

[Cancionero de Upsala, núm. 14]

221

Pues se pone el sol,
palomita blanca,
vuela y dile a mis ojos
que por qué se tarda.

[B. N. M., ms. 3890, fol. 116]

222

Papagayos, ruiseñores,
que cantáis al alborada,
llevad nueva a mis amores
cómo espero aquí asentada.

La media noche es pasada,
y no viene;
sabed si hay otra amada
que lo detiene.

[Rojas, La Celestina, XIX]

---

²²¹ mis ojos 'mi amado'.

223

Aquel pastorcico, madre,
    que no viene
algo tiene en el campo
    que le duele.

[*Cancionero musical de Palacio*, 311]

224

—¿De dónde venís, amores?
—Bien sé yo de dónde.

—Caballero, de mesura,
¿dó venís la noche escura?

¿De dónde venís, amores?
—Bien sé yo de dónde.

[JUAN VÁSQUEZ, *Recopilación*, II, 35]

225

Buscad, buen amor,
    con qué me falaguedes,
que mal enojada me tenedes.

Anoche, amor,
os estuve aguardando,
la puerta abierta,
candelas quemando;
y vos, buen amor,
con otra holgando:
¡que mal enojada me tenedes!

[JUAN VÁSQUEZ, *Recopilación*, II, 27]

---

[224] *de mesura* '(decidme) por cortesía'; *dó venís* 'de dónde venís'.
[225] *con qué me falaguedes* 'con qué me contentéis'.

Amor loco, amor loco:
yo por vos y vos por otro.

[CAMOENS, *Rimas*, pág. 74]

227

Sospirando iba la niña,
y non por mí,
que yo bien se lo conocí.

[SANTILLANA (?), en *Espejo de enamorados*, pág. 62]

228

Que no me los ame nadie
a los mis amores, ¡eh!
que no me los ame nadie,
que yo me los amaré.

[CORREAS, *Arte*, pág. 455]

229

El amor del soldado
no es más de una hora,
que en tocando la caja:
"y adiós, señora".

[CORREAS, *Vocabulario*, pág. 86a]

---

[228] *amores:* nuevamente con el sentido de 'amado, amada'.

Quien amores ten
afínquelos ben,
que nan é veinto que va y ven.

Quien amores ten
allá en Castella,
e ten seu amor
en dama doncella,
afínquelos ben
e non parta de ella,
que nan é veinto que va y ven.

[MILÁN, *Libro de música*, fol. 41]

231

¿Con qué ojos me miraste,
que tan bien te parecí?
¿Quién te dijo mal de mí,
que tan presto me olvidaste?

[*Cancionero sevillano*, fol. 272]

232

Volvido nos han, volvido,
volvido nos han.

Por una vecina mala
meu amor tolheu-me a fala.
Volvido nos han.

[GIL VICENTE, fol. 204]

---

[230] "Quién tiene amores asegúrelos bien, porque no hay viento que vaya y vuelva. Quien tiene amores allá en Castilla y tiene su amor en una dama doncella, asegúrelos bien y no se aparte de ella, que no hay viento que vaya y vuelva."
[232] "Han metido cizaña entre nosotros... Por una vecina mala mi amor me negó la palabra."

Por malos envolvedores
perco, triste, meus amores.

[Sá de Miranda, núm. 18]

234

¡Mal haya quien los envuelve,
   los mis amores!
¡Mal haya quien los envuelve!

Los mis amores primeros
en Sevilla quedan presos.
   Los mis amores,
¡mal haya quien los envuelve!

En Sevilla quedan presos
per cordón de mis cabellos.
   Los mis amores,
¡mal haya quien los envuelve!

[Los mis amores tempranos]
en Sevilla quedan ambos
   Los mis amores,
¡mal haya quien los envuelve!

En Sevilla quedan ambos.
sobre ellos armaban bandos.
   Los mis amores,
¡mal haya quien los envuelve!

[Gil Vicente, fol. 16]

---

[233] "Por culpa de los intrigantes y cizañeros pierdo, triste, mis
amores."

[234] *quien los envuelve* 'quien se entromete en ellos (en mis amores)';
armaban bandos 'armaban pleitos'.

235

¡Corten espadas afiladas,
   lenguas malas!

Mañana de San Francisco
levantado me han un dicho.
   Lenguas malas.

¡Corten espadas afiladas,
   lenguas malas!

Levantado me han un dicho:
que dormí con la niña virgo.
   Lenguas malas.

¡Corten espadas afiladas,
   lenguas malas!

[*Cancionero de Medinaceli*, núm. 51]

236

Si dijeren, digan,
   madre mía,
si dijeren, digan.

[CÁRCERES, ensalada "La trulla"]

237

Aguardan a mí:
¡nunca tales guardas vi!

[SANTILLANA (?), en *Espejo de enamorados*, pág. 62]

---

235 El villancico es un desafío a los murmuradores: "que corten cuanto
quieran esas espadas afiladas que son las malas lenguas"; *levantado
me han un dicho* 'me han calumniado'; *niña virgo* 'doncella'.
237 *Aguardan a mí* 'me cuidan, me vigilan'.

Madre, la mi madre,
guardas me ponéis:
que si yo no me guardo,
mal me guardaréis.

[*Cancionero de Turín*, núm. 24]

239

Apartar-me-ão de vós,
  garrido amor.

Eu amei uma senhora
de todo meu coração;
quis Deus e minha ventura
que não ma querem dar, não.
  Garrido amor.

Não me vos querem dare:
ir-m'ei a tierras ajenas
a chorar o meu pesare.
  Garrido amor.

[GIL VICENTE, fol. 194]

240

Ficade, amor, ficade,
  ficade, amor.

[GIL VICENTE, fol. 249]

---

²³⁹ "Van a apartarme de vos, garrido amor. —Yo amé a una señora
de todo mi corazón; quiso Dios y mi mala ventura que no me la quie-
ren dar, no.— No me os quieren dar: yo me iré a tierras ajenas a llo-
rar mi pesar."

²⁴⁰ "Quedáos, amor, quedáos; quedáos, amor."

Amor, no me dejes,
que me moriré.

[ÁLVAREZ GATO, núm. 87]

242

No me olvides, buen amor,
que no soy de olvidar, non.

[FERNÁNDEZ DE HEREDIA, pág. 163]

243

Vanse mis amores, madre,
luengas tierras van morar:
yo no los puedo olvidar,
¿quién me los hará tornar?

Yo soñara, madre, un sueño
quc me dio en el corazón:
que se iban los mis amores
a las islas de la mar.
Yo no los puedo olvidar,
¿quién me los hará tornar?

Yo soñara, madre, un sueño
que me dio en el corazón:
que se iban los mis amores
a las tierras de Aragón.
Allá se van a morar:
yo no los puedo olvidar,
¿quién me los hará tornar?

[GIL VICENTE, fol. 245]

---

243 *luengas tierras van morar* 'van a vivir a tierras lejanas'.

244

Vaisos, amores,
de aqueste lugar:
tristes de mis ojos,
¿y cuándo os verán?

[*Romancerillos de la Ambrosiana*, núm. 19]

245

Mi señora me demanda:
—Buen amor, ¿cuándo vernéis?
—Si no vengo para Pascua,
para San Juan me aguardéis.

[*Flor de enamorados*, fol. 38]

246

Anar-se'n vol lo meu senyor;
encara és así, jo ja l'enyor.

[FERNÁNDEZ DE HEREDIA, pág. 123]

247

Que no cogeré yo verbena
la mañana de San Juan,
pues mis amores se van.

[*Romancerillos de Pisa*, núm. 89]

---

245 *vernéis* 'vendréis'; *me aguardéis* 'aguardadme'.
246 "Quiere irse mi señor; todavía está aquí, y ya lo extraño."

248

Aunque me veáis en tierra ajena,
allá en la mía tengo una prenda,
y no la olvidaré hasta que muera.

[LEITÃO D'ANDRADA, pág. 588]

249

Buen amor tan deseado,
¿por qué me has olvidado?

[OCAÑA, pág. 13]

250

Solíades venir, amor,
agora non venides, non.

[ÁLVAREZ GATO, núm. 86]

251

Estas noches atán largas
para mí
no solían ser ansí.

[*Cancionero musical de Palacio*, 410]

252

¿Dólos mis amores, dólos,
dónde los iré a buscar?

Dígasme tú, el marinero,
que Dios te guarde de mal,
¿si los viste a mis amores,
si los viste allá pasar?

[*Pliegos poéticos Praga*, t. 1, págs. 30-31]

---

[252] *Dólos mis amores, dólos...* '¿Adónde iré a buscar a mi amado?'
(*dólos* es, literalmente, 'dónde [están] ellos').

Puse mis amores
    en Fernandino.
¡Ay, que era casado!
¡Mal me ha mentido!

Digas, marinero,
del cuerpo garrido,
¿en cuál de aquellas naves
pasa Fernandino?
¡Ay, que era casado!
¡Mal me ha mentido!

[JUAN VÁSQUEZ, *Villancicos*]

¿Qué razón podéis tener
    para no me querer?

Un amigo que yo había
dejóme y fuese a Castilla.
    Para no me querer.

¿Qué razón podéis tener
    para no me querer?

[JUAN VÁSQUEZ, *Recopilación*, I, 12]

¡Amor falso, amor falso,
pusísteme en cuidado
y agora fallecistemé!

    Amor falso,
    falso y portugués,

cuanto me dijiste
todo fue el revés.
Al revés y falso:
pusísteme en cuidado,
y agora fallecistemé.

[JUAN VÁSQUEZ, *Villancicos*]

256

Falsa me es la segaderuela,
falsa me es y llena de mal.

[*Baile de los locos de Toledo*]

257

¿Yo qué le hice, yo qué le hago,
que me da tan ruin pago?
Mas ¿yo qué le hago, yo qué le hice,
que de mí tanto mal dice?

[*Romancerillos de Pisa*, núm. 89]

258

Vine de lejos,
niña, por verte,
hállote casada,
quiero volverme.

[CORREAS, *Vocabulario*, pág. 522a]

259

Arrimárame a ti, rosa,
no me diste solombra.

[GIL VICENTE, fol. 103]

---

[255] *pusísteme en cuidado...*, 'primero me enamorasteis y ahora me dejáis'.

[259] *rosa* 'rosal'; *solombra* 'sombra'.

260

Morenica, ¿por qué no me vales?,
que me matan a tus umbrales.

[Cancionero *Tonos castellanos*]

261

Mala noche me distes,
  María del Rión
  (con el bimbilindrón),
mala noche me distes,
Dios os la dé peor
  (del bimbilindrón, dron, dron).

[LOPE DE RUEDA, *Obras*, t. 2, págs. 195-196]

262

Serrana, ¿dónde dormistes?
¡Qué mala noche me distes!

[JUAN VÁSQUEZ, *Recopilación*, I, 22]

263

La niña se aduerme:
¿si lo hace adrede?

[*Romancerillos de la Ambrosiana*, núm. 56]

264

Antaño tropecé
en tus lazos de cera,
  antaño tropecé,
y hoy caí en la cuenta.

[Comedia burlesca *El comendador de Ocaña*, III]

---

[260] *¿por qué no me vales?* '¿por qué no me amparas?'

Enemiga le soy, madre,
[a] aquel caballero yo,
mal enemiga le soy.

[*Cancionero musical de Palacio*, 4]

266

Dejaldo al villano pene;
¡véngueme Dios de ele!

[SANTILLANA (?), en *Espejo de enamorados*, pág. 62]

267

Olvidar quiero mis amores,
que yo quiérolos olvidar.

Mis amores los primeros
no me salieron verdaderos,
sino falsos y lisonjeros.
Que yo quiérolos olvidar.

Mis amores los de antes
no me salieron leales,
sino falsos y con maldades.
Que yo quiérolos olvidar.

[*Cantares*, pág. 63]

268

Era de vidro y quiebróse:
para conmigo acabóse.

[B. N. M., ms. 3913, fol. 54]

Dicen a mí que los amores he:
¡con ellos me vea si lo tal pensé!

Dicen a mí por la villa
que traigo los amores en la cinta:
¡con ellos me vea si lo tal pensé!

Dicen a mí que los amores he:
¡con ellos me vea si lo tal pensé!

[JUAN VÁSQUEZ, *Recopilación*, I, 2]

270

Por mi vida, madre,
amores no me engañen.

Burlóme una vez
amor lisonjero,
de falso y artero
y hecho al revés.
Mi madre, por mi fe
no me engañen amores.

Por mi vida, madre,
amores no me engañen.

[JUAN VÁSQUEZ, *Recopilación*, II, 26]

271

Engañástesme, señora,
descortés,
¡nunca más me engañarés!

[FERNÁNDEZ DE HEREDIA, pág. 115]

---

[269] *que traigo los amores en la cinta:* es decir, 'que la cinta que traigo es regalo de mi amado y prueba que estoy enamorada'.

[270] *amores no me engañen* 'el amor (o el amado) no ha de volver a engañarme'.

Alabásteisos, caballero,
gentilhombre aragonés,
¡no os alabaréis otra vez!

Alabásteisos en Sevilla
que teníades linda amiga,
gentilhombre aragonés:
¡no os alabaréis otra vez!

[*Baile curioso y grave*]

No quiero, señor,
joyas que me dais,
pues que cada día
me las baldonáis.

[CORREAS, *Vocabulario*, pág. 257a]

No us cal per así passar
ni pendre aire,
que la que vós tant amau
no us pree gaire.

No us y cal per así venir,
ni a les nines escarnir,
ni pendre aire,
que la que vós tant aimau
no us pree gaire.

---

[273] *me las baldonáis* 'me las echáis en cara'.

No us cal per ací passar,
ni a les nines motejar,
  ni pendre aire,
que la que vós tant aimau
  no us pree gaire.

[*Cancionero de Íxar*, núm. 107]

275

No me toquéis a la aldaba,
que no soy enamorada.

[CORREAS, *Vocabulario*, pág. 262a]

276

¿Qué me queréis, caballero?
Casada soy, marido tengo.

[*Cancionero musical de Palacio*, 198]

277

Enganado andais, amigo,
  comigo:
dias há que vo-lo digo.

[GIL VICENTE, fol. 168]

---

[274] "No tenéis por qué pasar por aquí y tomar el aire, que la que tanto amáis ya no os quiere. No tenéis por qué venir por aquí a escarnecer a las niñas... No tenéis por qué pasar por aquí a motejar a las niñas..."

278

Tirte allá, que no quiero,
mozuelo Rodrigo,
tirte allá, que no quiero
que burles conmigo.

[MILÁN, *Cortesano*, pág. 207]

279

¡Fuera, fuera, fuera,
el pastorcico!
¡Que en el campo dormirás,
y no comigo!

[TIMONEDA, *Sarao*, fol. 54]

280

No me sirváis, caballero,
íos con Dios,
que no me parió mi madre
para vos.

[*Pliegos poéticos B. N. M.*, t. 1, pág. 128]

281

—Digas, morena garrida,
¿cuándo serás mi amiga?
—Cuando esté florida la peña
de una flor morena.

[VILA, *Madrigales*]

---

278 *Tirte allá* 'quítate, vete'.
280 *No me sirváis* 'no me cortejéis'.

Dicen que me case yo:
no quiero marido, no.

[GIL VICENTE, fol. 9]

De iglesia en iglesia
me quiero yo andar,
por no mal maridar.

[FLECHA, *Las ensaladas 1581*, fol. 22]

Yo bien puedo ser casada,
mas de amores moriré.

[SALINAS, *De musica*, pág. 313]

No querades, fija,
marido tomar,
para sospirar.

Fuese mi marido
a la frontera;
sola me deja
en tierra ajena.

No querades, fija,
marido tomar,
para sospirar.

[*Cancionero musical de Palacio*, 240]

286

Madre mía, muriera yo,
y no me casara, no.

[*Cancionero musical de Palacio*, 154]

287

Soy casada y vivo en pena:
¡ojalá fuera soltera!

[Flecha, «La caza», ms. de Barcelona]

288

Desde niña me casaron
por amores que no amé:
mal casadita me llamaré.

[*Segunda parte de la Silva*]

289

Soy garridica
y vivo penada
por ser mal casada.

[Fernández de Heredia, pág. 104]

---

[288] *por amores que no amé* 'con un pretendiente al que no quise'.

290

Llamáisme villana:
¡yo no lo soy!

Casóme mi padre
con un caballero;
a cada palabra:
"¡hija de un pechero!"
¡Yo no lo soy!

Llamáisme villana:
¡yo no lo soy!

[JUAN VÁSQUEZ, *Recopilación*, II, 30]

291

¡Mal haya quien os casó,
la de Pedro borreguero!
¡Mal haya quien os le dio
ese marido grosero!

[*Flor de enamorados*, fol. 79]

292

Garridica soy en el yermo,
¿y para qué?,
pues que tan mal me empleé.

[*Cancionero musical de Palacio*, 71]

---

290 *pechero* 'que paga pechos o impuestos (y por tanto de baja condición social)'.
292 *tan mal me empleé* 'tan mal me casé'.

293

La bella mal maridada,
de las más lindas que vi,
si habéis de tomar amores,
vida, no dejéis a mí.

[*Cancionero general, Suplemento*, núm. 288]

294

Queredme bien, caballero,
casada soy, aunque no quiero.

[*Cancionero musical de Palacio*, 173]

295

Y la mi cinta dorada
¿por qué me la tomó
quien no me la dio?

La mi cinta de oro fino
diómela mi lindo amigo,
tomómela mi marido.
¿Por qué me la tomó
quien no me la dio?

La mi cinta de oro claro
diómela mi lindo, amado,
tomómela mi velado.
¿Por qué me la tomó
quien no me la dio?

[NARVÁEZ, núms. 40-45]

---

²⁹⁵ *velado* 'marido'.

Din, dirindín, dirindín, dirindaña,
din, dirindín.

Ju me levé un bel maitin,
matineta per la prata;
encontré le ruiseñor
que cantaba so la rama.
  Din, dirindín.

Encontré le ruiseñor,
que cantaba so la rama.
—Ruiseñor, le ruiseñor,
fácteme aquesta embaxata.
  Din, dirindín.

—Ruiseñor, le ruiseñor,
facteme aquesta embaxata,
y digaolo a mon ami
que ju ja so maritata.
  Din, dirindín.

Din, dirindín, dirindín, dirindaña,
din, dirindín.

[*Cancionero musical de Palacio*, 359]

297

¿Con qué la lavaré
la flor de la mi cara?
¿Con qué la lavaré,
que vivo mal penada?

---

²⁹⁶ "Yo me levanté una hermosa mañana, mañanita por el prado;
encontré al ruiseñor, que cantaba bajo las ramas. —Ruiseñor, el rui-
señor, hacedme esta embajada y decidle a mi amigo que yo ya estoy
casada."

Lávanse las casadas
con agua de limones;
lávome yo, cuitada,
con ansias y dolores.

[FUENLLANA, fol. 138]

298

Ardé, corazón, ardé,
que no os puedo yo valer.

Quebrántanse las peñas
con picos y azadones,
quebrántase mi corazón
con penas y dolores.

[NARVÁEZ, núm. 48]

299

Moriré de amores, madre,
    moriré.

[B. N. M., ms. 4257, fol. 39]

300

Si amores me han de matar,
agora ternán lugar.

[MILÁN, *Cortesano*, pág. 118]

301

El mi corazón, madre,
que robado me lo hane.

[FERNÁNDEZ DE HEREDIA, pág. 123]

---

²⁹⁷ *la flor de la mi cara* 'la hermosura de mi cara'.
²⁹⁸ *valer* 'socorrer'.
³⁰⁰ '...ahora es cuando eso va a ocurrir'.
³⁰¹ '...me lo han robado'.

302

Las mis penas, madre,
    de amores son.

Salid, mi señora,
de so el naranjale,
que sois tan hermosa,
quemarvos ha el aire.
    De amores, son.

[*Cancionero musical de Palacio*, 59]

303

Pensad hora en ál,
triste corazón,
pensad hora en ál,
que en amores non.

[*Cancionero musical de Palacio*, 151]

304

Tángovos yo, el mi pandero,
tángovos yo, y pienso en ál.

[SALINAS, *De musica*, pág. 309]

305

Dejadme llorar
orillas del mar.

[GÓNGORA, núm. 4]

---

302 *de so el naranjale* 'de debajo del naranjo'; *quemarvos ha el aire*
'el aire os pondrá morena (y es lástima, siendo tan hermosa)'.
303 *en ál* 'en otra cosa'.
304 *tángovos* 'tócoos'; *en ál* 'en otra cosa'.

306

Todos duermen, corazón,
todos duermen, y vos non.

[*Cancionero musical de Palacio*, 172]

307

Cantan los gallos:
yo no me duermo,
ni tengo sueño.

[GIL VICENTE, fol. 193]

308

No pueden dormir mis ojos,
no pueden dormir.

Y soñaba yo, mi madre,
dos horas antes del día
que me florecía la rosa,
el pino so el agua frida.
No pueden dormir.

[*Cancionero musical de Palacio*, 114]

309

Mal ferida va la garza
enamorada;
sola va y gritos daba.

A las orillas de un río
la garza tenía el nido;

---

³⁰⁸ *so el agua frida* 'bajo el agua fría'.

ballestero la ha herido
en el alma.
Sola va y gritos daba.

[GIL VICENTE, *Auto de Inês Pereira*, pág. 157]

310

Gavião, gavião branco,
vai ferido e vai voando.

[*Cancioneiro de Juromenha*, núm. 37]

311

Voces daba la pava,
y en aquel monte;
el pavón era nuevo
y no la responde.

[CORREAS, *Vocabulario*, pág. 359]

312

Mal herido me ha la niña,
no me hacen justicia.

[GIL VICENTE, fol. 104]

313

Por vos mal me viene,
niña, y atendedme.

Por vos, niña virgo,
prendióme el merino.
Niña, y atendedme.

---

[310] "Gavilán, gavilán blanco, va herido, pero va volando."
[311] *era nuevo* 'era joven e inexperto'.

Prendióme el merino,
hame mal herido.
Niña, y atendedme.

Por vos, niña dalgo,
prendióme el jurado.
Niña, y atendedme.

Prendióme el jurado,
hame lastimado.
Niña, y atendedme.

[*Cancionero musical de Palacio*, 376]

314

Preso me lo llevan
a mi lindo amor,
por enamorado,
que no por traidor.

Preso me lo llevan,
la causa no sé:
digan lo que debe,
que yo lo pagaré.

[*Cartapacios salmantinos*, pág. 312]

315

Aquel gentilhombre, madre,
caro me cuesta el su amor.

Yo me levantara un lunes,
un lunes antes del día,
viera estar al ruiseñor...

[*Cancionero musical de Palacio*, 327]

---

[313] 'Por vos recibo daño...'; *atendedme* 'escuchadme'; *niña virgo*, *niña dalgo* 'doncella'.

[315] Está canción está trunca en el único manuscrito en que figura.

¡Ay, don Alonso,
mi noble señor!,
caro os ha costado
el tenerme amor.

[LOPE DE VEGA (?), *Baile del Caballero de Olmedo*]

317

"Aquella mora garrida
sus amores dan pena a mi vida."

Mi madre, por me dar placer,
a coger rosas me envía;
moros andan a saltear,
y a mí llévanme cativa.
Sus amores dan pena a mi vida.

[Moros andan a saltear,
y a mí llévanme cativa.]
El moro que me prendiera
allende la mar me envía.
Sus amores dan pena a mi vida.

[El moro que me prendiera
allende la mar me envía.]
Lloraba cuando lo supo
un amigo que yo había.
Sus amores dan pena a mi vida.

[Lloraba cuando lo supo
un amigo que yo había;]
con el gran dolor que siente
estas palabras decía:
"Sus amores dan pena a mi vida."

[*Cancionero musical de Palacio*, 254]

---

[317] *moros andan a saltear* 'moros andan asaltando'; *cativa* 'cautiva';
allende la mar 'más allá del mar'.

318

¡Ay, que non hay, mas ay, que non era
quien de mi pena se duela!

Madre, la mi madre,
el mi lindo amigo
moricos de allende
lo llevan cativo;
cadenas de oro,
candado morisco.

¡Ay, que non hay, mas ay, que non era
quien de mi pena se duela!

[*Cancionero musical de Palacio*, 269]

319

El tu amor, Juanilla,
no le verás más:
molinero le dejo
en los molinos de Orgaz.

[CORREAS, *Arte*, pág. 455]

320

En Ávila, mis ojos,
dentro en Ávila.

En Ávila del Río
mataron mi amigo.
Dentro en Ávila.

[*Cancionero musical de Palacio*, 215]

321

Gritos daba la morenica
   so el olivar,
que las ramas hace temblar.

La niña cuerpo garrido,
(morenica cuerpo garrido)
lloraba su muerto amigo
   so el olivar,
que las ramas hace temblar.

             [ESTEBAN DAZA, fols. 102-103]

322

Por amores lo maldijo
la mala madre al buen hijo:

"¡Sí pluguiese a Dios del cielo
y a su madre Santa María
que no fueses tú mi hijo
por que yo fuese tu amiga!"
Esto dijo y lo maldijo
la mala madre al buen hijo.

Por amores lo maldijo
la mala madre al buen hijo.

             [JUAN VÁSQUEZ, *Recopilación*, II, 3]

323

Que de noche le mataron
   al caballero,
la gala de Medina,
   la flor de Olmedo.

---

[321] *so el olivar* 'bajo el olivo'.
[322] *Sí pluguiese a Dios...* (literalmente, 'así pluguiese...'): 'quiera Dios...'

Sombras le avisaron
que no saliese
y le aconsejaron
que no se fuese.
El caballero,
la gala de Medina,
la flor de Olmedo.

[LOPE DE VEGA, *El caballero de Olmedo*, III]

324

Señor Gómez Arias,
doléos de mí:
soy mochacha y niña,
y nunca en tal me vi.

Señor Gómez Arias,
vos me trajistes,
y en tierra de moros
vos me vendistes.
Yo no sé la causa
por que lo hecistes,
que yo, sin ventura,
no os lo merecí.

Si mi triste madre
tal cosa supiese,
con sus mesmas manos
la muerte se diese.
No hay hombre en el mundo
que no se doliese
de la desventura
que vino por mí.

---

[323] Este cantar se refiere a la muerte de Juan Vivero, caballero natural de Olmedo, asesinado en 1521 por el joven hidalgo Miguel Ruiz, a causa de una riña insignificante.

En cas de mi padre
estaba encerrada,
de chicos y grandes
querida y mirada.
Veóme hora triste
y enajenada;
triste fue la hora
en que yo nací.

Señor Gómez Arias,
habed compasión
de la sin ventura
que queda en prisión.
Conmueva mi llanto
vuestro corazón,
no seáis tan cruel
en dejarme así.

Señor Gómez Arias,
si a Córdoba fuerdes,
a mi padre y madre
me encomendedes;
y de mis hermanos
vos os guardedes,
que no os den la muerte
por amor de mí.

Señor Gómez Arias,
doléos de mí:
soy mochacha y niña,
y nunca en tal me vi.

[HOROZCO, *Cancionero*, págs. 68-69]

---

[324] En la leyenda de Gómez Arias (personaje histórico que vivió en
el siglo XIV) se basan, además de este cantar, una comedia de Vélez
de Guevara y una de Calderón de la Barca.

Parióme mi madre
una noche escura,
cubrióme de luto,
faltóme ventura.

Cuando yo nací
era hora menguada,
ni perro se oía
ni gallo cantaba.

Ni gallo cantaba,
ni perro se oía,
sino mi ventura
que me maldecía.

¡Apartáos de mí,
bien afortunados,
que de sólo verme
seréis desdichados!

Dijeron mis hados
cuando fui nacido
si damas amase,
fuese aborrecido.

Fui engendrado
en signo nocturno;
reinaba Saturno
en curso menguado.

Mi lecho y la cuna
es la dura tierra;
crióme una perra,
mujer no ninguna.

Muriendo, mi madre,
con voz de tristura,
púsome por nombre
"hijo sin ventura".

Cupido enojado,
con sus sofraganos,
el arco en las manos,
me tiene encarado.

Sobróme el amor
de vuestra hermosura,
sobróme el dolor,
faltóme ventura.

[*Flor de enamorados*, fol. 63]

326

Dejóme mi padre
lleno de amargura,
niño delicado,
pobre y sin ventura.

El criado antiguo
que antes me servía,
si por mí pasaba,
no me conocía.

[Rengifo, pág. 30]

327

—¿Por qué lloras, moro?
—Porque nací lloro.
—¿Por qué lloras, di?
—Lloro porque nací.

[Correas, *Arte*, pág. 458]

---

[325] *hora menguada* 'hora desdichada'; *sofragamos* 'sufragáneos, súbditos'. En otras versiones de esta canción las estrofas no son siempre las mismas ni tienen el mismo orden.

[326] *si por mí pasaba* 'si se cruzaba conmigo'.

328

¡Cuándo, cuándo,
oh, quién viese este cuándo!
¡Cuándo saldrá mi vida
de tanto cuidado!

[JUAN VÁSQUEZ, *Recopilación*, II, 5]

329

¡Para mí son penas, madre,
para mí, que no para nadie!

[B. N. M., ms. 3951, fol. 9]

330

El que penas tiene
¿cómo no se muere?

[LUIS DE GUZMÁN, *El fuero de las cien doncellas*, I]

331

Mis penas son como ondas del mar,
que unas se vienen y otras se van:
de día y de noche guerra me dan.

[VILA, *Madrigales*]

332

Turbias van las aguas, madre,
turbias van,
mas ellas se aclararán.

[*Romancero general*, núm. 50]

---

[328] *cuidado* 'preocupación, pena amorosa'.

Si los delfines mueren de amores,
triste de mí, ¿qué harán los hombres,
que tienen tiernos los corazones?

[FUENLLANA, fol. 169]

334

Si los pastores han amores,
¿qué harán los gentileshombres?

Si los pastores han amores,
y aun dentro de aquesta villa,
¿qué harán los gentileshombres
que tienen favor de amiga?
Que tienen favor de amiga:
¿qué harán los gentileshombres?

Si los pastores han amores,
y aun dentro de aquesta sala,
¿qué harán los gentileshombres
que tienen favor de amada?
Que tienen favor de amada:
¿qué harán los gentileshombres?

[*Cantares*, pág. 63]

335

Labradorcico amigo,
que los amores has,
amando morirás.

Nunca vi labrador
de tales maneras:

---

334 *Que tienen favor de amiga* 'que gozan de los favores de su amiga'.

deja su labranza
y vase a las doncellas:
quítate de entre ellas,
que te perderás;
amando morirás.

Nunca vi labrador
de tal ejercicio,
que a los del palacio
quitase el oficio:
quítate ese vicio,
que te perderás;
que amando morirás.

[*Cantares*, pág. 61]

336

Dícenme que el amor no fiere,
mas a mí muerto me tiene.

Dícenme que el amor no fiere
ni con fierro ni con palo,
mas a mí muerto me tiene
la que traigo de la mano.

Dícenme que el amor no fiere
ni con palo ni con fierro,
mas a mí muerto me tiene
la que traigo de este dedo.

[*Cantares*, pág. 64]

---

[335] *de tales maneras* 'de tales costumbres'; *que a los del palacio qui-
tase el oficio* 'que compitiera con los nobles (únicos que, según se pen-
saba entonces, sabían realmente lo que era amar)'.

Mucho pica el sol:
más pica el amor.

Mucho pica el sol
con flechas de fuego;
más pica el amor,
que hiere más recio.

Mucho pica el sol:
más pica el amor.

[BALVAS, fol. 100]

338

¿Adónde iré?, ¿qué haré?,
que mal vecino es el amor.

[CASTILLEJO, t. 1, pág. 49]

339

¡Ay!, cadenas de amar,
¡cuán malas sois de quebrar!

[*Cancionero sevillano*, fol. 272]

---

[339] *cuán malas sois de quebrar* 'qué difícil es quebraros'.

LA NATURALEZA

340

Alta estaba la peña,
nace la malva en ella.

Alta estaba la peña
riberas del río,
nace la malva en ella
y el trébol florido.
Y el trébol florido:
nace la malva en ella.

[*Cancionero de Upsala*, núm. 19]

341

En la peña, sobre la peña
duerme la niña y sueña.

[ANTONIO DE VILLEGAS, fol. 68]

342

En clavell, si m'ajut Déu,
tan belles olors haveu!

En clavell verd i florit.
ma senyora us ha collit.
Tan belles olors haveu!

En clavell verd i granat,
ma senyora us ha segat.
Tan belles olors haveu!

[*Cancionero de Íxar*, núm. 107]

343

Meu naranjedo no ten fruta,
   mas agora ven:
no me le toque ninguen!

Meu naranjedo florido
el fruto no le es venido,
   mas agora ven:
no me le toque ninguen!

Meu naranjedo granado
el su fruto no le es llegado,
   mas agora ven:
[no me le toque ninguen!]

[*Cancionero musical de Palacio*, 310]

344

Del rosal vengo, mi madre,
   vengo del rosale.

A riberas de aquel vado
viera estar rosal granado.
   Vengo del rosale.

A riberas de aquel río
viera estar rosal florido.
   Vengo del rosale.

---

[342] "Don clavel —así me ayude Dios—, qué hermosos olores tenéis.
Don clavel, verde y florido, mi señora os ha cortado."
[343] "Mi naranjo aún no tiene fruto, pero ahora lo tendrá: no me
lo toque nadie..."

Viera estar rosal florido,
cogí rosas con sospiro.
Vengo del rosale.

Del rosal vengo, mi madre,
vengo del rosale.

[GIL VICENTE, fol. 181]

345

Florida estaba la rosa,
que o vento le volvía la folla.

[FLECHA, pág. 20]

346

De los álamos vengo, madre,
de ver cómo los menea el aire.

De los álamos de Sevilla,
de ver a mi linda amiga,
de ver cómo los menea el aire.

De los álamos vengo, madre,
de ver cómo los menea el aire.

[JUAN VÁSQUEZ, *Recopilación*, II, 13]

347

Airecillo en los mis cabellos,
y aire en ellos.

[CORREAS, *Vocabulario*, pág. 31a]

---

[345] "Florido estaba el rosal, y el viento meneaba sus hojas."

348

Estos mis cabellos, madre,
dos a dos se los lleva el aire.

[MILÁN, *Cortesano*, pág. 209]

349

Levantóse un viento
de la mar salada
y diome en la cara.

[CORREAS, *Vocabulario*, pág. 214 b]

350

Un mal ventezuelo
me alzó las haldas:
¡tira allá, mal viento,
que me las alzas!

[SALAZAR, *Espejo*, pág. 458]

351

Por aquí, por allí, por allá,
anda la niña en el azahar;
por acá, por allí, por aquí,
anda la niña en el toronjil.

[LOPE DE VEGA, *El saber por no saber*, II]

352

¡Que no hay tal andar por el verde olivico,
que no hay tal andar por el verde olivar!

[*Cancionero de Módena*, núm. 52]

---

[350] *haldas* 'faldas'; *tira allá* 'vete'.
[352] 'No hay nada tan bueno como andar por el verde olivar.'

Olival, olival verde,
azeitona preta,
quem te colhesse!

[Diogo de Couto]

354

En el guindal verde,
en el guindal,
en el guindal verde
guindas hay.

[Ledesma, *Conceptos*, III, fol. 52]

355

¡Trébol florido, trébol,
trébol florido!

[*Auto de la Resurrección de Cristo*]

356

¡Trébole, ay Jesús, cómo huele!
¡Trébole, ay Jesús, qué olor!

[*Romancero general*, núm. 721]

---

[353] "Olivo, olivo verde; aceituna negra, ¡ojalá pudiera cogerte!"

Este é maio, o maio é estc,
este é o maio e floresce.

Este é maio das rosas,
este é maio das fermosas,
este é maio e floresce.

Este é maio das flores,
este é maio dos amores,
este é maio e floresce.

[GIL VICENTE, fol. 242]

358

Entra mayo y sale abril:
¡tan garridico le vi venir!

Entra mayo con sus flores,
sale abril con sus amores,
y los dulces amadores
comiencen a bien servir.

[*Cancionero musical de Palacio*, 76]

359

Las mañanicas de abril
dulces eran de dormir,
y las de mayo, mejor,
si no despertara amor.

[LOPE DE VEGA, *La ocasión perdida*, III]

---

[358] *servir* 'amar'.

360

¡Cuándo saldréis, el alba galana!
¡Cuándo saldréis, el alba!

Resplandece el día,
crecen los amores,
y en los amadores
aumenta alegría.
Alegría galana.
¡Cuándo saldréis, el alba!

[*Romancero general*, núm. 721]

361

Recordad, mis ojuelos verdes,
que a la mañana dormiredes.

[*Cancionero del British Museum*, núm. 68]

362

—Desciende al valle, niña.
—Non era de día.

—Niña de rubios cabellos,
desciende a los corderos,
que andan por los centenos.
—Non era de día.

[*Cancionero musical de Palacio*, 206]

363

¿Adónde tan de mañana,
hermosa serrana?

[TEJADA DE LOS REYES, pág. 44]

---

[361] *recordad* 'despertad'.

364

Ya viene el alba, la niña,
  ya viene el día.

[*Auto de los hierros de Adán*]

365

Púsoseme el sol,
salióme la luna:
más me valiera, madre,
ver la noche escura.

[*Romancero general*, núm. 409]

366

¡Ay!, luna que reluces,
¡toda la noche me alumbres!

¡Ay!, luna atán bella,
alúmbresme a la sierra,
por do vaya y venga.
¡Toda la noche me alumbres!

[*Cancionero de Upsala*, núm. 27]

367

Salga la luna, el caballero,
salga la luna, y vámonos luego.

  Caballero aventurero,
  salga la luna por entero,
salga la luna, y vámonos luego.

Salga la luna, el caballero,
salga la luna, y vámonos luego.

[JUAN VÁSQUEZ, *Recopilación*, II, 18]

368

Llueve menudico,
y hace la noche escura;
el pastorcillo es nuevo:
non iré segura.

[JAIME DE HUETE, *Comedia vidriana*, II]

369

Si dormís, doncella,
despertad y abrid,
que venida es la hora,
si queréis partir.

Si estáis descalza,
não curéis de vos calzar,
que muchas agoas
tenéis de pasar
—¡ora andar!—:
agoas de Alquevir;
que venida es la hora,
si queréis partir.

[GIL VICENTE, fols. 192-193]

370

Caminá, señora,
si queréis caminar;
pues que los gallos cantan,
cerca está el lugar.

[*Pliegos poéticos B. N. M.*, t. 1, pág. 285]

---

³⁶⁸ *es nuevo* 'es joven'.
³⁶⁹ *não curéis de vos calzar* 'no penséis en calzaros'; *Alquevir* 'Guadalquivir'.

Qual de nós vem mais cansada
nesta cansada jornada?
Qual de nós vem mais cansada?

[Gil Vicente, fol. 210]

372

Caminito toledano,
¡quién te tuviera andado!

[Lope de Vega, *Las dos bandoleras*, III]

373

Paséisme ahora allá, serrana,
que no muera yo en esta montaña.

Paséisme ahora allende el río,
que estoy, triste, mal herido.
Que no muera yo en esta montaña.

[*Cancionero musical de Palacio*, 244]

374

¿Por dó pasaré la sierra,
gentil serrana morena?

—Turururulá,
¿quién la pasará?
—Tururururú,
no la pases tú.

---

[371] "¿Cuál de nosotras viene más cansada en esta cansada jornada...?"
[373] *allende el río* 'del otro lado del río'.

    —Tururururé,
    yo la pasaré.
Di, serrana, por tu fe,
si naciste en esta tierra,
¿por dó pasaré la sierra,
gentil serrana morena?

    —Tiriririrí,
    queda tú aquí.
    —Tururururú,
    ¿qué me quieres tú?
    —Tororororó,
    que yo sola estó.
—Serrana, no puedo, no,
que otro amor me da guerra.
¿Cómo pasaré la sierra,
gentil serrana morena?

               [GIL VICENTE, fol. 177]

375

    Salteóme la serrana
juntico al pie de la cabaña.

    Serrana, cuerpo garrido,
    manos blancas, ojos bellidos,
    salteóme en escondido,
juntico al pie de la cabaña.

    Salteóme la serrana
juntico al pie de la cabaña.

    Serrana, cuerpo lozano,
    ojos negros, blancas manos,
    salteóme en escampado,
juntico al pie de la cabaña.

    [Salteóme la serrana
juntico al pie de la cabaña.]

[VÉLEZ DE GUEVARA, *La Serrana de la Vera*, III]

---

[375] *juntico al pie de la cabaña* 'cerca de la cabaña'; *ojos bellidos* 'ojos hermosos'; *en escondido* 'en un lugar escondido'.

En el monte la pastora
　me dejó:
¿dónde iré sin ella yo?

[*Pliegos poéticos*, *B. N. M.*, t. 2, pág. 316]

377

Por el montecillo sola
　¿cómo iré?
¡Ay, Dios!, ¿si me perderé?

[*Romancero general*, núm. 486]

378

Sola me dejastes
　en aquel yermo,
¡villano, malo, gallego!

[*Cancionero musical de Palacio*, 223]

379

A tierras ajenas,
¿quién me trajo a ellas?

[*Cancionero musical de Palacio*, 362]

380

Quien tiene hijo en tierra ajena
muerto lo tiene y vivo lo espera,
hasta que venga la triste nueva.

[MAL LARA, fol. 245]

381

Soledad tengo de ti,
¡oh, tierras donde nací!

[Gil Vicente, fol. 129]

382

Saudade minha,
quando vos veria?

[Sá de Miranda, núm. 50]

383

Aires de mi tierra,
vení y llevadme,
que estoy en tierra ajena,
no tengo a nadie.

[Correas, *Arte*, pág. 448]

384

Pásesme, por Dios, barquero,
de esotras partes del río,
duélete del dolor mío.

[Andrade Caminha, núm. 256]

385

Allega, morico, allega,
con el barco a la ribera.

[*Cancionero de Peraza*, fol. 31]

---

381 *soledad* 'nostalgia'.
382 *saudade* es aquí el lugar o la amada que inspira nostalgia.
384 *de esotras partes del río* 'del otro lado del río'.

386

Vi los barcos, madre,
vilos, y no me valen.

Madre, tres mozuelas,
no de aquesta villa,
en agua corriente
lavan sus camisas.
Sus camisas, madre,
vilas, y no me valen.

[*Cancionero de Upsala*, núm. 28]

387

Que miraba la mar
la mal casada,
que miraba la mar
cómo es ancha y larga.

[*Romancerillos de la Ambrosiana*, núm. 86]

388

Yo que no sé nadar, morenica,
yo que no sé nadar, moriré.

[*Poesias barias*, núm. 92]

389

¡Barquero, barquero!
¡Que se llevan las aguas los remos!

[Góngora, t. 2, núm. 160]

390

¡Hola, que me lleva la ola!
¡Hola, que me lleva la mar!

[*Cancionero sevillano*, fol. 45]

391

Las ondas de la mar
¡cuán menudicas van!

[González de Eslava, pág. 269a]

392

Hilo de oro mana
la fontana,
hilo de oro mana.

[B. N. M., ms. 4257, fol. 13]

393

Pues lo vento nos ha de levar,
¡garrido vendaval!

[Flecha, en Fuenllana, fol. 152]

394

Si me lleva el vento, lleva,
¡ay, madre mía, voy que me lleva!

[ms., *apud* Zarco Cuevas, t. 2, pág. 151]

---

[393] "Pues el viento nos ha de llevar..."

Por el río me llevad, amigo,
y llevádeme por el río.

[GIL VICENTE, fol. 168]

Anden y andemos,
que míos eran los remos.

[GONZÁLEZ DE ESLAVA, pág. 269b]

Ya se parten los navíos, madre,
van para levante.

[GONZÁLEZ DE ESLAVA, pág. 269 a]

Toda va de verde
la mi galera,
toda va de verde,
de dentro y fuera.

[CORREAS, *Arte*, pág. 449]

Pelo mar vai a vela,
vela vai pelo mar.

[GIL VICENTE, fol. 216]

---

[399] "Por el mar va la vela, la vela va por el mar."

Meus olhos van per lo mare,
mirando van Portugale.

Meus olhos van per lo rio...

[*Cancionero musical de Palacio*, 453]

"Mis ojos van por el mar, mirando van a Portugal..."

CANTARES DE TRABAJO

401

Dábale con el azadoncico,
dábale con el azadón.

[VALDIVIELSO, *Doce actos*, fol. 2]

402

Este pradico verde
trillémosle y hollémosle.

[*Silva de 1561*, fol. 200]

403

A segar son idos
tres con una hoz;
mientras uno siega
holgaban los dos.

[CORREAS, *Vocabulario*, pág. 12a]

404

¡Qué tomillejo
y qué tomillar!
¡Qué tomillejo
tan malo de arrancar!

[CORREAS, *Arte*, pág. 446]

—Donde vem Rodrigo?
donde vem Gonçalo?
—De sachar o milho,
de mondar o prado.

[RODRIGUES LOBO, *Églogas*, fol. 111]

406

No me entréis por el trigo,
  buen amor:
salí por la lindera.

[COVARRUBIAS, pág. 959a]

407

Segadores, ¡afuera, afuera!,
dejad entrar a la segaderuela.

[LEDESMA, *Conceptos* III, fol. 52]

408

¡Oh, cuán bien segado habéis,
  la segaderuela!
Segad paso, no os cortéis,
que la hoz es nueva.

[LOPE DE VEGA, *Los Benavides*, II]

---

[405] "—¿De dónde viene Rodrigo, de dónde viene Gonzalo? —De escardar el trigo, de limpiar el prado."

¡Ésta sí que se lleva la gala
de las que espigaderas son!
¡Ésta sí que se lleva la gala,
que las otras que espigan non!

[TIRSO DE MOLINA, *La mejor espigadera*, III]

410

¡Ésta sí que es siega de vida!
¡Ésta sí que es siega de flor!

    Hoy, segadores de España,
vení a ver a la Moraña
trigo blanco y sin argaña,
que de verlo es bendición.

¡Ésta sí que es siega de vida!
¡Ésta sí que es siega de flor!

    Labradores de Castilla,
vení a ver a maravilla
trigo blanco y sin neguilla,
que de verlo es bendición.

¡Ésta sí que es siega de vida!
¡Ésta sí que es siega de flor!

[LOPE DE VEGA, *El Vaquero de Moraña*, II]

411

Que si ha sido la siega linda,
buena ha sido la vendimia;
que si ha sido la siega buena,
buena vendimia es la nuestra.

[LEDESMA, *Conceptos* III, fol. 54]

---

[410] *sin argaña* 'sin arista'; *neguilla* 'hierba que suele darse entre el trigo'.

412

¡A la viña, viñadores,
que sus frutos de amores son!

[LOPE DE VEGA, *El heredero del cielo*]

413

Deja las avellanicas, moro,
que yo me las varearé,
tres y cuatro en un pimpollo,
que yo me las varearé.

[LOPE DE VEGA, *El villano en su rincón*, III]

414

A las avellanas,
mozuelas galanas,
a las avellanicas,
a las avellanas.

[B. N. M., ms. 17,557, fol. 48]

415

¿Si queréis comprar romero
de lo granado y polido,
que aun agora lo he cogido?

[HOROZCO, *Cancionero*, pág. 135]

416

Abillat me trobaràs,
gentil Joana,
del carbó que n'he venut
questa setmana.

---

[415] *de lo granado y polido* 'del fino y hermoso'; *que aun agora lo he cogido* 'que acabo de cortarlo'.

Abillat me trobaràs
ab un giponet de gas,
gentil Joana,
del carbó que n'hé venut
esta setmana.

[*Cancionero de Íxar*, núm. 109]

417

Voces dan en aquella sierra:
leñadores son que hacen leña.

[COVARRUBIAS, pág. 761a]

418

Al esquilmo, ganaderos,
que balan las ovejas
y los carneros.

Ganaderos, a esquilmar,
que llama los pastores
el mayoral.

[TIRSO DE MOLINA, *La venganza de Tamar*, III]

419

¡Arahao, arahao!, mi ganado,
no entréis en el vedado.

[SIMÃO MACHADO, fol. 79]

---

⁴¹⁶ "Encontrarásme vestido, gentil Juana, con el [dinero obtenido
del] carbón que he vendido esta semana. Encontrarásme vestido con
un juboncito azul..."
⁴¹⁹ *arahao* era voz para llamar al ganado.

Ovejita blanca,
requiere tu piara:
en hora mala hubiste
pastora enamorada.

Ovejita prieta,
requiere tu cordero:
en hora mala hubiste
pastor carabero.

[CORREAS, *Vocabulario*, pág. 174b]

421

A inha cabra do chocalho
me faz o som a que eu balho,
e o meu cabrito manso
me faz o som a que eu danso.

[SIMÃO MACHADO, fol. 68]

422

¿Dónde irán tus vacas, niña,
dónde irán tus vacas, eh?

[VALVERDE ARRIETA, fol. 34]

---

420 *prieta* 'negra'; *requiere tu piara, requiere tu cordero* 'reúnete con tu rebaño, con tu cordero'; *pastor carabero* 'pastor que se distrae conversando y divirtiéndose con sus amigos'. Las ovejas que tienen la desdicha de estar al cuidado de una pastora enamorada o de un pastor "carabero" deben cuidarse a sí mismas.
421 "Mi cabra la del cencerro me hace el son con el que bailo, y mi cabrito manso me hace el son con el que danzo."

423

Las vacas de la virgo
no quieren beber en el río,
sino en bacín de oro fino.

[Valverde Arrieta, fol. 34]

424

Solié que andaba
el molinó,
solié que andaba,
y agora no.

[Chacón, ensalada "El molino"]

425

—Molinico, ¿por qué no mueles?
—Porque me beben el agua los bueyes.

[Padilla, *Thesoro*, fol. 469]

426

—Muele, molinico,
molinico del amor.
—Que no puedo moler, non.

[Juan de Molina, pág. 49]

427

¡A la gala de la panadera!
¡A la gala de ella
y del pan que lleva!

[Timoneda, *Aucto de la Fee*]

---

[423] *la virgo* 'la doncella'.
[424] *solié que andaba* 'solía andar'.
[427] *A la gala...* era expresión de júbilo con que los aldeanos solían festejar a alguien.

428

Solivia el pan, panadera,
solivia el pan, que se quema.

[CORREAS, Vocabulario, pág. 292b]

429

Quien bien hila
bien se le parece.

Quien bien hila
y devana aprisa
bien se le parece
en la su camisa.
Su camisa,
bien se le parece.

[ms., apud ALONSO GETINO, pág. 353]

430

Rastrillábalo la aldeana,
¡y cómo lo rastrillaba!

[TIRSO DE MOLINA, Antona García, I]

431

Hilandera era la aldeana:
más come que gana,
más come que gana.
¡Ay!, que hilando estaba Gila:
más bebe que hila,
más bebe que hila.

[TIRSO DE MOLINA, Antona García, I]

---

[428] *solivia* 'levanta'.
[429] *bien se le parece* 'bien se le echa de ver'.
[430] Lo que la aldeana rastrilla es el lino.

432

Fregoncillas, a fregar,
pues lo tenéis a destajo;
el agua está a calentar,
voces daba el estropajo.

[CORREAS, *Vocabulario*, pág. 342b]

433

Solo, solo,
¿cómo lo haré yo todo?

—Don abad, a mi casa iredes,
mi mujer vos la visitaredes,
la mi gente vos me la manternedes,
mis hijuelos vos me los criaredes.
A la he, vos solo todo.
—Solo, solo,
¿cómo lo haré yo todo?

—El comer esté aparejado,
con sazón lo cocido y asado,
y el corral bien barrido y regado;
y si hay falta, vos habréis mal recaudo.
A la he, vos solo todo.
—Solo, solo,
¿cómo lo haré yo todo?

[CÁRCERES, ensalada "La trulla"]

434

Ño, ño, ño, ño, ño, ño,
ño, ño, ño, que ño, que ño,

Que no quiero estar en casa,
ño me pagan mi soldada.
Ño, ño, ño, que ño, que ño.

---

432 *a calentar* 'calentándose'.
433 *manternedes* 'mantendréis'; *a la he* 'a fe'.

Ño me pagan mi soldada,
ño tengo sayo ni saya.
Ño, ño, ño, que ño, que ño.

[GIL VICENTE, fol. 15]

435

Esta noche me cabe la vela:
ruego yo a mi Dios que no me duerma.

[TOLEDANO, pág. 22]

436

Velador, que el castillo velas,
vélalo bien y mira por ti,
que velando en él me perdí.

[COVARRUBIAS, pág. 406a]

437

Quien duerme, quien duerme,
quien duerme, despierte.

[LOPE DE VEGA, *El nombre de Jesús*]

CANTARES DE FIESTA Y JUEGO

438

¡Ábalas, ábalas, hala!
¡Aba la frol y la gala!

Allá arriba, arriba,
junto a mi logare,
viera yo serranas
cantar y baxlare,
y entre todas ellas
mi linda zagala.
¡Aba la frol y la gala!

[HOROZCO, *Cancionero*, pág. 167]

439

Al drongolondrón, mozas,
al drongolondrón.

Bartola y su amigo
bailaban el domingo
al drongolondrón.

[VILA, en FLECHA *Las ensaladas 1581*, fol. 14]

---

[438] *ábalas, aba* '¡míralas, mira!'; *la frol* 'la flor'; *baxlare (x* pronunciada como *sh* inglesa) 'bailar'.

[439] *al drongolondrón:* estribillo onomatopéyico, al parecer sin sentido especial.

Anda, amor, anda;
anda, amor.

La que bien quiero
—anda, amor—
de la mano me la llevo
—y anda, amor—;
¿y por qué no me la beso
—anda, amor—?
Porque soy mochacho y necio
—y anda, amor—.

[*Silva de 1561*, fol. 189]

441

Assi andando, amor, andando,
assi andando m'hora irei.

[GIL VICENTE, fol. 177]

442

Ansí andando
el amor se me vino a la mano;
andando ansí
se aparta el amor de mí.

[*Cantares*, pág. 70]

443

Pisá, amigo, el polvillo,
tan menudillo;
pisá, amigo, el polvó,
tan menudó.

---

[441] "...así, andando, me iré yo ahora".

Madre mía, el galán,
y no de aquesta villa,
paseaba en la plaza
por la branca niña.
Tan menudó.

[ms., *apud* ALONSO GETINO, págs. 352-353]

444

—Señora la de Galgueros
salga y baile.
—Que por vida de Galguericos,
que tal no baile.

—Señora la de Galgueros,
cuerpo garrido,
salga a la plaza y baile
con su marido.
—Que por vida de Galguericos,
que tal no baile.

[B. N. M., ms. 3924, fol. 67]

445

Yo no sé cómo bailan aquí,
que en mi tierra no bailan ansí.

[*Romancero de Barcelona*, núm. 137]

446

Que se nos va la tarde, zagalas,
que se nos va.

Que se nos va a espaldas vueltas
—que se nos va—

el día de nuestra fiesta
—que se nos va—.

Que se nos va la tarde, zagalas,
    que se nos va.

[BALVAS, fols. 101-102]

447

Que se nos van las Pascuas, mozas,
que se nos va la Pascua a todas.

[B. N. M., ms. 3685, fol. 79]

448

En Valladolid, damas,
    juega el rey las cañas.

El rey don Alfonso,
    cuerpo garrido,
hoy las cañas juega,
    galán y lindo.
Galán y lindo, damas,
    juega el rey las cañas.

[ROJAS ZORRILLA, *Don Pedro Miago*, III]

449

Esta maya se lleva la flor,
    que las otras no.

[MIGUEL SÁNCHEZ, *Baile de la maya*]

---

⁴⁴⁸ El juego de cañas era una diversión predilecta de la nobleza
española durante la Edad Media; consistía en una especie de simu-
lacro de batalla campal entre varias cuadrillas de caballeros, suntuosa-
mente ataviados.
⁴⁴⁹ Este cantar y el 450 se relacionan con la fiesta de la Maya, cele-
brada en muchas regiones de España el día 1.º de mayo. La maya del
núm. 449 es la muchacha elegida reina de la fiesta, para la cual las
otras piden dinero a los transeúntes, cantando canciones como nues-
tro núm. 450.

Echad mano a la bolsa,
   cara de rosa;
echad mano al esquero,
   el caballero.

[MIGUEL SÁNCHEZ, *Baile de la maya*]

451

San Juan Verde pasó por aquí:
¡cuán garridico lo vi venir!

[GIL VICENTE, *Auto da Festa*]

452

¿Quién dice que no es éste
   Santiago el Verde?

[LOPE DE VEGA, *Santiago el Verde*, II]

453

La mañana de San Juan
las flores florecerán.

[APARICIO, fol. 2]

454

La noche de San Juan, mozas,
vámonos a coger rosas;
mas la noche de San Pedro
vamos a coger eneldo.

[*Pastora de Manzanares*, fol. 31]

---

450 Ver nota al 449; *esquero* 'bolsa de cuero que se llevaba asida al cinto'.

455

Por el val verdico, mozas,
vamos a coger rosas.

[*Silva de 1561*, fol. 189]

456

A coger el trébol, damas,
la mañana de San Juan,
a coger el trébol, damas,
que después no habrá lugar.

[*Romancero general*, núm. 1011]

457

Vamos a coger verbena,
poleo con hierbabuena.

[*Danza de galanes*]

458

La mañana de San Juan, damas,
ciñe el rey sus armas.

[B. N. M., ms. 3890, fol. 14]

459

Ésta es boda y ésta es boda,
ésta es boda de placer.

[Fray Miguel de Madrid, pág. 34]

---

455 *val* 'valle'.

¡Vivan muchos años
los desposados!
¡Vivan muchos años!

[LOPE DE VEGA, *Fuente Ovejuna*, II]

461

Para en uno son los dos:
vivan, y guárdelos Dios.

[LOPE DE VEGA, *apud BRAE*, 3, pág. 556]

462

A la novia y al novio
les guarde Dios,
y al que no dijere "amén"
no le guarde, no.

[LOPE DE VEGA, *El tirano castigado*, II]

463

Muitos anos melhorados
se logrem os desposados.

[SIMÃO MACHADO, fol. 69]

464

Estos novios se llevan la flor,
que los otros no.

[LOPE DE VEGA, *Los novios de Hornachuelos*, II]

---

463 "Muchos años mejorados se logren los desposados."

465

Esposo y esposa
son clavel y rosa.

[TIMONEDA, *Los desposorios de Cristo*]

466

Ésta sí que es novia garrida,
ésta sí que es cuerpo genzor.

[L. VÉLEZ DE GUEVARA, *La obligación de las mujeres*, II]

467

Del val de aqueste llano
era la moza,
y el mozo que la lleva
es de la Ventosa.

[GONZÁLEZ DE ESLAVA, pág. 267a]

468

Que si linda era la parida,
por mi fe que la niña es linda.

[LOPE DE VEGA, *Nadie se conoce*, III]

---

[466] *cuerpo genzor:* expresión muy arcaica, que equivalía a 'hermosa'.

Este niño se lleva la flor,
    que los otros no.

Este niño atán garrido
    —se lleva la flor—,
que es hermoso y bien nacido
    se lleva la flor;
la dama que le ha parido
    se lleva la fior;
cuando llegue a estar crecido
ha de ser un gran señor.

Este niño se lleva la flor,
    que los otros no.

[LOPE DE VEGA, *El piadoso aragonés*, II]

470

Norabuena vengas, Menga,
ara fe, que Dios mantenga.

[*Cancionero musical de Palacio*, 273]

471

Mañana se parte Olalla
vase fuera del lugar,
démosle la cencerrada,
que mañana no hay lugar.

[CORREAS, *Vocabulario*, pág. 547a]

---

470 *ara fe* 'a fe'. Damos este texto y el que sigue como ejemplo de canciones de bienvenida y despedida.

Ésta sí que es noche buena,
en que nace el Niño Dios,
ésta sí que es noche buena,
ésta sí, que las otras no.

[MIRA DE MESCUA, *Coloquio del Nacimiento
de nuestro Señor*]

473

¡Oh, qué noche de alegría,
y más que el día!

[*Cancionero sevillano*, fol. 171]

474

¡Sea bien venido, sea,
sea bien venido!

El Verbo, Hijo del Padre,
—sea bien venido—
hoy nació de virgen madre:
—sea bien venido.

El Verbo, del Padre Hijo,
—sea bien venido—
hoy nació con regocijo:
sea bien venido.

[MONTEMAYOR, *Las obras*, fol. 179]

475

Venid, pastores,
vamos a Belén,
a ver la Pastora,
a ver el Pastor
donde mana el bien.

[*Cancionero sevillano*, fol. 128]

Al Niño bonito
nacido en Belén
la Virgen le adora
y el viejo también.

[*Cancionero de Nuestra Señora*, pág. 18]

477

Lleva't en l'albeta,
Peret chiquet Micalotet,
    lleva't en l'albeta.

Veuràs la Verge neta
en una barraqueta.
Peret Michalotet,
lleva't en l'albeta.

Lleva't en l'albeta,
Peret xiquet Micalotet,
    lleva't en l'albeta.

Que·l seu fillet alleta,
tot nu, sens camiseta,
com dona molt pobreta.
Peret Micalotet,
lleva't en l'albeta.

Lleva't en l'albeta,
Peret xiquet Micalotet,
    lleva't en l'albeta.

I entre·l bou i muleta
veuràs en carn perfeta
divinitat secreta.
Peret Micalotet,
lleva't en l'albeta.

Lleva't en l'albeta,
Peret xiquet Micalotet,
lleva't en l'albeta.

[CÁRCERES, ensalada "La trulla"]

478

Fararirirán del Niño garrido,
fararirirán del Niño galán.

[*Villancicos*, Córdoba, 1632]

479

¡A la gala del Niño chequito,
bonito!

Sant'Ana, su agüela,
vístele la fajuela.
¡[A] la gala del Niño chequito,
bonito!

[SÁNCHEZ DE BADAJOZ, *Recopilación*, fol. 143]

480

Éste es Rey y éste es Señor,
que los otros no.

[LOPE DE VEGA, auto *La Isla del Sol*]

---

⁴⁷⁷ "Levántate al alba, Pedrito chiquito, Miguelito... Verás a la
Virgen pura en una choza... Que a su hijito amamanta, todo desnudo,
sin camisita, como mujer muy pobre... Y entre el buey y la mulita
verás, en carne perfecta, una divinidad secreta."

⁴⁷⁹ *¡a la gala!:* interjección que denotaba alegría y con la que se
celebraba a alguien.

A la gala del Zagal
y de su madre doncella.
¡A la gala de él y de ella!

[COVARRUBIAS, pág. 674a]

482

Que si linda es la zarzamora,
más linda es Nuestra Señora.

[VÉLEZ DE GUEVARA, *El lego de Alcalá*, I]

483

Ya pareció la Virgen entera,
ya pareció, que bien pareciera.

[*Cancionero sevillano*, fol. 46]

484

¡Quién como ella,
la Virgen de la Cabeza!
¡Quién como ella!

[LOPE DE VEGA, *La tragedia del rey don Sebastián*, II]

485

Que no hay tal andar como buscar a Cristo,
Que no hay tal andar como a Cristo buscar.

[VALDIVIELSO, *Doce actos*, fol. 54]

---

[483] *ya pareció* 'ya apareció, ya vino al mundo'.

Éste es el caminito del cielo,
éste es el caminito de allá.

[VALDIVIELSO, *Doce actos*, fol. 93]

487

Mira que te mira Dios,
mira que te está mirando,
mira que te has de morir,
mira que no sabes cuándo.

[B. N. M., ms. 17,666, pág. 373]

488

¿Para qué comió
la primer casada,
para qué comió
la fruta vedada?

La primer casada,
ella y su marido,
a Dios han traído
en pobre posada
por haber comido
la fruta vedada.

[Auto de *La caída de nuestros primeros
padres* (Nueva España, 1538)]

Vos comistes la manzana,
Adán y su compañera,
vos gustastes la manzana,
y otros tienen la dentera.

[Díaz de Montoya, fol. 2]

490

El Señor del cielo
nos da un ungüente,
para el Padre Adán,
que está doliente.

[*Cancionero sevillano*, fol. 171]

491

Volaba la palomita
por encima del verde limón;
con las alas aparta las ramas,
con el pico lleva la flor.

[Briceño, fol. 8]

492

Pajarillo que vas a la fuente,
bebe y vente.

[*Romancero de Barcelona*, núm. 128]

---

489 Cfr. el refrán "Uno come la fruta aceda y otro tiene la dentera".
490 *ungüente* 'ungüento'.
491 *limón* es aquí un 'limonero'.

Llueve, llueve, llueve,
palomica verde;
escampa, escampa, escampa,
palomica blanca.

[Auto sacramental *El Cid*]

494

Cucurucú cantaba la rana,
cucurucú debajo del agua;
cucurucú, mas ¡ay!, que cantaba,
cucurucú, debajo del agua.

[Belmonte, entremés de *Una rana hace ciento*]

495

Sal, sol, solito,
y estáte aquí un poquito:
hoy y mañana
y toda la semana.

Aquí vienen las monjas,
cargadas de toronjas;
no pueden pasar
por el río de la mar.

Pasa uno, pasan dos,
pasa la Madre de Dios,
con su caballito blanco,
que relumbra todo el campo.

Aquí viene Periquito
con un cantarito
de agua caliente,
que me espanta a mí y a toda la gente,

[Correas, *Vocabulario*, pág. 267a]

496

No penedo, João Preto,
e no penedo.

Quais foram os perros
que mataram os lobos,
que comeram as cabras,
que roeram o bacelo,
que pusera João Preto
no penedo?

[GIL VICENTE, fols. 174-175]

497

Si péndole, péndole no cayera,
dórmili, dórmili se muriera.

[CORREAS, *Vocabulario*, pág. 286b]

498

Vuela, caballito, vuela,
darte he yo cebada nueva.

[LOPE DE VEGA, *San Isidro Labrador de Madrid*, III]

---

[496] "En la peña, Juan Prieto, en la peña. ¿Cuáles fueron los perros que mataron a los lobos, que se comieron a las cabras, que royeron la parra que había plantado Juan Prieto en la peña?"
[497] Correas explica de este modo el acertijo: "Si la pera pendiente no cayera, el hombre dormido se muriera", y refiere la anécdota correspondiente: "Estaba uno durmiendo debajo de un peral, e íbale a picar una víbora; cayó al instante una pera madura y despertóle y evitó el daño de la víbora."

Que por vos, la mi señora,
  la cara de plata,
correré yo el mi caballo
  a la trápala, trápala.

[LEDESMA, *Conceptos* II, pág. 10]

Bravo estás, torico,
dícenlo tus uñas:
escarbas con ellas,
aunque no rascuñas.

[NÚÑEZ, *Refranes*, fol. 20]

Salga el toro
con llaves de oro;
salga la vaca
con llaves de plata.

[CORREAS, *Vocabulario*, pág. 286 b]

Vente a mí, torilló, torillejo,
vente a mí, que aquí te espero.

[QUIRÓS, fol. 30]

Traque barraque de Villaverón,
cuéntalas bien, que las doce son.

[CORREAS, *Vocabulario*, pág. 510b]

504

Arca, arquita
de Dios bendita,
cierra bien y abre,
no te engañe nadie.

[Mal Lara, fol. 7]

505

En alto me veo,
capillo de oro tengo;
moros veo venir,
no puedo huir,
y aunque pudiera, no quiero.
(La bellota)

[Lope de Vega, *Con su pan se lo coma*, III]

506

Cuelgan al vivo,
porque es menester;
todos los muertos
le vienen a ver;
del grande placer
que el vivo ha tomado,
todos los muertos
han resucitado.
(El candil)

[Correas, *Arte*, pág. 399]

---

[504] Afirma Mal Lara que los niños dicen estas palabras a las arcas
en que guardan sus juguetes, pero Correas cree que se trata de una
adivinanza del *ojo*.

Póntela tú la gorra del fraile,
póntela tú, que a mí no me cabe.

[CORREAS, *Arte*, pág. 467]

508

Que no tenéis vos calzas coloradas,
que no tenéis vos calzas como yo.

[Mojiganga *El Cid*]

509

Que no quiero tal juego juguete,
que no quiero tal juego jugar.

[*Pliegos poéticos B. N. M.*, t. 2, pág. 367]

510

Arráncate, nabo,
que buen azadón traigo.

[LEDESMA, *Juegos*, fol. 93]

511

Este peral tiene peras,
cuantos pasan comen de ellas.
Ayudádmele a tener,
que se me quiere caer,
y a quien diere, que se lo tenga.

[LEDESMA, *Juegos*, fol. 95]

---

[510] Estas palabras acompañan a un juego en que un niño se tira en el suelo y otro trata de levantarlo.

—¡Hola, lirón, lirón!,
¿de dónde venís de andare?
—¡Hola, lirón, lirón!
De San Pedro el altare.
—¿Qué os dijo don Roldane?
—Que no debéis de pasare:
quebradas son las puentes.
—Mandaldas adobare.
—No tenemos dinero.
—Nosotros lo daremos.
—¿De qué son los dineros?
—De cáscaras de huevos.
—¿En qué los contaremos?
—En tablas y tableros.
—¿Qué nos daréis en precio?
—Un amor verdadero.

[MIGUEL SÁNCHEZ, *Baile de la maya*]

513

Anda, niño, anda,
que Dios te lo manda,
y la Virgen María,
que andes aína.

[GONZÁLEZ DE ESLAVA, pág. 272a]

---

512 *adobare* 'componer'. En este juego, que sobrevive en la tradi-
ción oral, los niños se van encadenando unos con otros.
513 *aína* 'pronto'.

—Canta, Jorgico, canta.
—No quere canta.

—Canta, Jorge, por tu fe,
y verás que te daré
una argolla para el pie
y otra para la garganta.
—No quere canta.

[COVARRUBIAS, pág. 144b]

515

Ru, ru, menina, ru, ru,
mouram as velhas e fiques tu,
co'a tranca no cu.

[GIL VICENTE, fol. 91]

---

514 Según Covarrubias, era éste un "cantarcillo viejo con que aca llaban los niños".

515 "Ru, ru, niña, ru, ru, mueran las viejas y quedes tú, con la tranca en el culo."

CANTARES HUMORÍSTICOS Y SATÍRICOS

516

A la hembra desamorada
a la adelfa le sepa el agua.

[COVARRUBIAS, pág. 42a]

517

Aún enterrado no está,
la viuda casarse quiere:
¡desdichado del que muere
si a paraíso no va!

[HOROZCO, *Refranes*, núm. 736]

518

¿Para qué se afeita
la mujer casada?
¿Para qué se afeita?

[FRAY LUIS DE LEÓN, *La perfecta casada*, 12]

---

[516] *a la adelfa*, es decir, amarga.

519

—Não te ponhas, Maria,
tanto côr no rostro.
—Faço muito bem,
porque é meu gosto.

[B. N. Nápoles, ms. I-E-65, págs. 142-143]

520

Díceme mi madre que soy bonitilla:
sábelo Dios y la salserilla.

[CORREAS, *Vocabulario*, pág. 330a]

521

Vestíme de verde
   por hermosura,
como hace la pera
   cuando madura.

Vestíme de verde,
   que es buena color,
como el papagayo
   del rey mi señor.

[CORREAS, *Vocabulario*, pág. 519a]

522

Mírame, Miguel,
cómo estoy bonita:
saya de buriel,
camisa de estopica.

[CORREAS, *Vocabulario*, pág. 556a]

---

[519] "—No te pongas, María, tanto color en el rostro. —Hago muy bien (en ponérmelo), porque ése es mi gusto."

[520] La *salserilla (de color)* era el recipiente en que las mujeres guardaban sus afeites.

[522] *buriel* y *estopa:* telas burdas, propias de villanos.

523

Todo lo tiene bueno
la del corregidor,
si no es la color.

Todo lo tiene bueno
la del teniente,
si no es la frente.

Todo lo tiene bueno
la toledana,
si no es la cara.

[CORREAS, *Vocabulario*, pág. 503a]

524

Delicada soy, delicada:
tanto lo soy, que me pica la saya.

[B. N. M., ms. 3915, fol. 71]

525

Que las manos tengo blandas
del broslar:
no nací para segar.

[FERNÁNDEZ DE HEREDIA, pág. 122]

---

525 *broslar* 'bordar'.

No me aprovecharon,
   madre, las hierbas,
no me aprovecharon,
   y derramélas.

[TRILLO Y FIGUEROA, pág. 135]

527

Híceme enferma
por ser visitada;
que si me muriera,
quedárame burlada.

[CORREAS, *Vocabulario*, pág. 589b]

528

No sé qué me bulle
   en el carcañar,
que no puedo andar.

Yéndome y viniéndome
   a las mis vacas,
no sé qué me bulle
   entre las faldas,
que no puedo andar.

No sé qué me bulle
   en el carcañar,
que no puedo andar.

[FUENLLANA, fols. 134-135]

529

Dame una saboyana,
marido, ansí os guarde Dios,
dadme una sabuyana,
pues las otras tienen dos.

[B. N. M., ms. 3915, fols. 318-319]

530

Mandásteisme saya de grana,
y ahora dáismela de buriel:
si el cu no os cantare en casa,
no me llamen a mí mujer.

[B. N. M., ms. 3915, fol. 319]

531

Aguamanos pide la niña
para lavarse,
aguamanos pide la niña,
y no se la dane.

[*Silva de 1561*, fol. 190]

532

Que si no tiene saya
Marigandí,
que si no tiene saya,
¿qué se me da a mí?

[LOPE DE VEGA, Loa para una égloga]

---

⁵²⁹ *saboyana* o *sabuyana* 'ropa exterior de que usaban las mujeres, a modo de basquiña abierta por delante' (Dicc. Autoridades).
⁵³⁰ *mandásteisme* 'prometísteisme'; *grana:* tela fina de color purpúreo; *buriel:* paño tosco, propio de labradores; *el cu* 'el cuclillo' (se decía que cantaba especialmente para los maridos engañados).

Una moza de este lugar
—no lo puedo decir de risa—
no tiene faldas de camisa
y pide ropa de levantar.

[*Cancionero sevillano*, fol. 193]

534

No tiene toca y pide arqueta,
  la dargadandeta.
No tiene toca y pide valona,
  la dargadandona.

[CORREAS, *Vocabulario*, pág. 260a]

535

Aunque me veis que descalza vengo,
tres pares de zapatos tengo:

  Unos tengo en el corral,
  otros en el muladar,
y otros en cas del zapatero.
Tres pares de zapatos tengo.

[CORREAS, *Vocabulario*, pág. 34b]

536

  Isabel, Isabel,
perdiste la tu faja:
  ¡hela por do va,
nadando por el agua!

Isabel, la tan garrida...

[MUDARRA, núm. 73]

---

[534] *arqueta* 'arca pequeña'; *valona* 'cuello grande que caía sobre los hombros'; *la dargadandeta*, *la dargadandona* parecen tener un valor puramente rítmico-musical.

537

Que non sé filar,
ni aspar, ni devanar.

Y mercóme mi marido
una arroba de lino,
que los perros y los gatos
en ello facían nido.

Que non sé filar,
ni aspar, ni devanar.

[*Cancionero de la Colombina*, fol. 91]

538

Al revés me lo vestí,
mas ándese así.

[GONZÁLEZ DE ESLAVA, pág. 270b]

539

Con el pie se toca la toca
la Juana matroca.

[FLECHA, *Las ensaladas 1581*, fol. 23]

540

—Pereza, pereza,
por la tu santa nobleza,
que me dejes levantar.
—No quiero, no quiero,
vuélvete a echar.

[CORREAS, *Vocabulario*, pág. 464 b]

---

[539] *se toca la toca* 'se arregla la toca'.

¡Para la muerte que a Dios debo,
de perejil está el mortero!

Comadres, las mis comadres,
yo tengo dos criadas
muy bellacas y muy malas:
por estarse arrellanadas,
nunca limpian el majadero.

¡Para la muerte que a Dios debo,
de perejil está el mortero!

[NÚÑEZ, *Refranes*, fol. 92]

542

A las mozas Dios que las guarde
y a las viejas rabia las mate.

[*Pliegos poéticos B. N. M.*, t. 4, pág. 252]

543

¿Qué me quiere esta mala vieja?
¿Qué me quiere, que no me deja?

[C. SUÁREZ DE FIGUEROA, *Pusilipo*, pág. 44]

544

Bien quiere el viejo,
¡ay, madre mía!,
bien quiere el viejo
a la niña.

[GIL VICENTE, fol. 97]

---

[541] *¡Para la muerte que a Dios debo!* era un juramento; *de perejil está el mortero* 'de perejil está lleno el mortero'.

No quiere Marcos
que se toque su mujer a papos,
   y ella decía
que a repapos se tocaría.

[COVARRUBIAS, pág. 243b]

546

—Vámonos [a] acostar, Pero Grullo,
que cantan los gallos a menudo.
—Hilar, hilar, Teresota,
que si los gallos cantan, no es hora.

[CORREAS, *Vocabulario*, pág. 516a]

547

—Entrá en casa, Gil García.
—Soltá el palo, mujer mía.

[TIMONEDA, *El truhanesco*, fol. 10]

548

Miedo me he de chiromiro,
   a la hé,
que del chiromiro miedo me he.

   Estáse el pastor
   con el su ganado.
      A la hé,
que del chiromiro miedo me he.

---

545 *que se toque* 'que se arregle'; los *papos* eran, según Covarrubias, "ciertos huecos que se formaban en las tocas, los cuales cubrían las orejas".

Vínoseles mientes
que era desposado.
    A la hé,
que del chiromiro miedo me he.

Dejó las ovejas,
fuérase a poblado.
    A la hé,
que del chiromiro miedo me he.

Púsose a la puerta
roto y tresquilado.
    A la hé,
que del chiromiro miedo me he.

Díjole su esposa:
—¿Qué haces ahí, asno?
    A la hé,
que del chiromiro miedo me he.

Echarte he una albarda,
levarte he al mercado.
    A la hé,
que del chiromiro miedo me he.

Diránme las gentes:
"¿Cúyo es ese asno?"
    A la hé,
que del chiromiro miedo me he.

Diría yo: "Es mío,
por mi mal pecado".
    A la hé,
que del chiromiro miedo me he.

Miedo me he de chiromiro,
    a la hé,
que del chiromiro miedo me he.

[*Cancionero musical de Palacio*, ed. Barbieri, núm. 346]

---

[548] No sabemos qué es eso de *chiromiro; a la hé* 'a fe mía'; *vínosele mientes* 'se acordó'; *cúyo es* '¿de quién es?'

Lloraba la casada
    por su marido,
y agora la pesa
    de que es venido.

Lloraba la casada
    por su velado,
y agora la pesa
    de que es llegado.

[CORREAS, *Vocabulario*, pág. 578b]

550

Si habéis dicho, marido,
esperá, diré yo lo mío.

¡Sí se cumpliese, marido,
lo que esta noche he soñado:
que estuviésedes subido
en la picota, emplumado,
yo con un mozo garrido
en la cama, a mi costado,
y tomando aquel placer
del cual vos sois ya cansado!
Hiciésemos un alnado
que vos fuese a descender...

[*Cancionero musical de Palacio*, 384]

551

—Teresica hermana
de la fariririrá,
hermana Teresá.

---

549 *velado* 'marido'.
550 *alnado* 'hijastro'.

Teresica hermana,
 si a ti pluguiese,
una noche sola
contigo durmiese.
De la faririrunfá,
hermana Teresá.

—Una noche sola
yo bien dormiría,
mas tengo gran miedo
que me perdería.
De la fariririrá,
hermana Teresá.

Teresica hermana
de la fariririrá,
hermana Teresá.

[FUENLLANA, fols. 139-140]

552

Llaman a Teresica,
 y no viene:
¡tan mala noche tiene!

Llámala su madre,
 y ella calla;
juramento tiene hecho
 de matalla.
¡Qué mala noche tiene!

[*Cancionero de Upsala*, núm. 36 *bis*]

---

551 En otra versión *(Cancionero de Upsala*, núm. 36) se lee: "mas
tengo gran miedo / que me empreñaría".
552 En el *Cancionero de Upsala* va unida esta canción a la anterior.

—Decid, hija garrida,
¿quién os manchó la camisa?
—Madre, las moras del zarzal.
—Mentir, hija, mas no tanto,
que no pica la zarza tan alto.

[NÚÑEZ, *Refranes*, fol. 76]

554

Moricas del moral, madre,
moricas del morale.

[LOPE DE SOSA, *Villancicos para cantar la noche de
Navidad*, 1603]

555

Buen amor, no me deis guerra,
que esta noche es la primera.

Así os vea, caballero,
de la frontera venir,
como toda aquesta noche
vos me la dejéis dormir.

Buen amor, no me deis guerra,
que esta noche es la primera.

[*Cancionero musical de Palacio*, 238]

556

Besáme y abrazáme,
marido mío,
y daros [he] en la mañana
camisón limpio.

[*Cancionero de Upsala*, núm. 18]

---

[555] *Así os vea, caballero...* "si me dejáis dormir toda esta noche, os
deseo que regreséis (sano y salvo) de la frontera (=de la guerra con
los moros)".

Marido, ¿si queréis algo?
Que me quiero levantar.

[*Cancionero sevillano*, fol. 243]

558

¿Qu'habrá sido mi marido?
¿qu'habrá sido?

Mi marido fue a la arada,
y no ha venido:
¿qu'habrá sido?

[CORREAS, *Vocabulario*, pág. 381a]

559

Pinguele, respinguete,
¡qué buen San Juan es éste!

Fuese mi marido
a ser del arzobispo;
dejárame un fijo
y fallóme cinco.
¡Qué buen San Juan es éste!

[Dejárame un fijo
y fallóme cinco:]
dos hube en el Carmen
y dos en San Francisco.
¡Qué buen San Juan es éste!

[*Cancionero de la Colombina*, fol. 78]

---

[558] Hay aquí un deliberado juego fonético: *qu'habrá sido = cabra
ha sido*.

Pero González,
tornóse vuestra huerta
cuernos albares.

Mercastes la borrica
    de Pero Cañete,
para carrear la lechuga
    y el rabanete;
pusistes en vuestro cinto
    un cañivete,
para escamondar
    los cañaverales.

Comprastes una huerta
    en Alcaudete,
y sembrastes en ella
    lechuga y rabanete.
Posistes en la cinta
    un cañivete,
para mondar
    los cañaverales.

Fuestes a morar
    enfrente la puente,
pensando encontrar
    con muy buena gente.
Cayó un lancho
    y dióos en la frente:
ahí vos nacieron
    los cuernos albares.

Comprastes una mula
    muy destrozada,
que ni tenía freno,
ni menos barbada;

y vos no teníades
    paja ni cebada;
echástesla a pacer
    a los guijarrales.

Sembrastes el almáciga
    alrededor del pozo,
mezquino, por haber
    negro reposo.
De que el rey vos vido
    tan poderoso,
envióvos a la guerra
    a talar los panes.

Venistes de la guerra
    muy destrozado;
vendistes la borrica
    por un cruzado;
comprastes un capuz
    negro y frisado,
con que vos honrásedes
    las navidades.

Venistes de la guerra
    muy fatigado,
dejásteme en mi tierra
    sin cornado.
Cuernos os he criado
    con aspas tales,
tan largas y tan grandes
    como varales.

Venistes vos, marido,
    de Sevilla,
cuernos os han nacido
    de maravilla:
no hay ciervo en esta villa
    de cuernos tales,
que no caben en casa
    ni en los corrales.

Pero González,
tornóse vuestra huerta
cuernos albares.

[*Cancionero musical de Palacio*, núm. 387]

561

—Tú la tienes, Pedro,
la tu mujer preñada,
—Juro a tal, no tengo,
que vengo del arada.

—¿Quién la ha empreñado,
dilo tú, amigo?
—Yo no sé quién:
Dios me es testigo.

[Briceño, fol. 13]

562

Por el val que habéis de arar,
el desposado,
por el val que habéis de arar
ya estaba arado.

[Lasso de la Vega, núm. 92]

---

⁵⁶⁰ *albares* 'blancos'; *cañivete:* cuchillo pequeño; *fuestes* 'fuisteis';
lancho 'piedra'; *mezquino, por haber negro reposo* 'pobre de vos, pues
maldito el reposo que tuvisteis'; *talar los panes* 'devastar los campos
de trigo del enemigo'; *cruzado y cornado:* monedas. Seguimos el orden
de las estrofas que dio Barbieri, primer editor del cancionero.
⁵⁶² *el val* 'el valle'.

Chapirón de la reina,
chapirón del rey.

Mozas de Toledo,
ya se parte el rey,
quedaréis preñadas,
no sabréis de quién.

Chapirón de la reina,
chapirón del rey.

[COVARRUBIAS, pág. 432]

564

Estai quedo co'a mão,
frei João, frei João!
¡Estai quedo co'a mão!

Padre, pois sois meu amigo,
quando falardes comigo,
    frei João,
estareis-vos quedo,
mas estai-vos quedo,
mas estai-vos quedo co'a mão,
    frei João,
¡Estai quedo co'a mão!

[GIL VICENTE, fol. 249]

---

563 *chapirón* era una capa que protegía contra la lluvia.
564 "Estad quieto con la mano, fray Juan... Padre, pues sois mi amigo, cuando habléis conmigo, fray Juan, estaréisos quieto, mas estáos quieto... con la mano", etc.

565

No me digáis, madre, mal
del padre fray Antón,
que es mi enamorado,
y yo téngole en devoción.

[SALINAS, *De musica*, pág. 309]

566

Si de mal de amores
    muere la niña,
ciruelita de fraile
    la resucita.

[B. N. M., ms. 3685, fol. 229]

567

¿Qué dirán de la freila,
qué dirán de ella,
si abraza los robles
pensando que eran hombres?

[CORREAS, *Vocabulario*, [pág. 384a]

568

Corrido va el abad,
    corrido va,
corrido va el abad.

[LOPE DE VEGA, auto *La maya*]

---

⁵⁶⁶ Existe una especie de ciruela llamada "de fraile"; aquí tiene por supuesto doble sentido.

⁵⁶⁷ *freila* 'monja'.

⁵⁶⁸ Según se desprende de la historia que acompaña a este estribillo en otra versión, el abad va corrido o avergonzado, porque, sorprendido en malos tratos con una dama, el marido le ha dado una paliza.

El abad y su manceba
dicen que quieren beber;
díceles el bachiller:
"hasta que no se puedan ver".

[B. N. M., ms. 3915, fol. 320]

570

Bendito sea Noé,
que las viñas plantó,
para quitar la sed
y alegrar el corazón.

[CORREAS, *Vocabulario*, pág. 352a]

571

A beber vino, beber,
nunca me venció mujer.

[CORREAS, *Vocabulario*, pág. 16a]

572

Si de Dios está ordenado
que me he de acostar borracha,
daca el jarro, muchacha.

[CORREAS, *Vocabulario*, pág. 282a]

573

Vengo por agua, y vino vendéis:
echáme un cuartillo, y veré qué tal es.

[CORREAS, *Vocabulario*, pág. 518b]

Tanto me quier o fillo da uva,
tanto me quier, que todo me derruba.

Tanto me quier o fillo de branco,
tanto me quier, que todo me cayo.

[CORREAS, *Vocabulario*, pág. 495a]

Perdí la mi rueca,
y el huso non fallo;
¿si vistes allá
[e]l tortero andar?

Perdí la mi rueca
llena de lino;
hallé una bota
llena de vino.
¿Si vistes allá
[e]l tortero andar?

Perdí la mi rueca
llena de estopa;
de vino fallara
llena una bota.
¿Si vistes [allá
el tortero andar?]

Hinqué mis rodillas,
dile un besillo;
bebí un azumbre,
más un cuartillo.

---

574 "Tanto me quiere el hijo de la uva, tanto me quiere que todo me
echa por tierra. Tanto me quiere el vino blanco, tanto me quiere que
me hace caer."

¿Si vistes [allá
el tortero andar?]

Hallé yo una bota
llena de vino;
dile un tal golpe,
y tiróme el tino.
¿Si vistes [allá
el tortero andar?]

Caíme muerta,
ardióse el estopa;
vino mi marido,
[y dióme en la toca.
¿Si vistes allá
el tortero andar?]

Vino mi marido
y dióme en la toca.
¡Ay, de mí, mezquina,
y cómo estoy loca!
¿Si vistes [allá
el tortero andar?]

[*Cancionero musical de Palacio*, núm. 253]

576

Por beber, comadre,
    por beber.

Por mal vi, comadre,
tu vino pardillo,
que allá me tenías
mi saya y mantillo.
    Por beber.

---

[575] Las dos últimas estrofas aparecen invertidas en el original. *tor-tero* es 'rodaja para torcer el hilo'. La borrachera de la mujer es tal, que no acierta a encontrar los utensilios para hilar.

Que allá me tenías
mi saya y mantillo;
relampaguéame el ojo,
láteme el colodrillo.
    Por beber.

Por beber, comadre,
    por beber.

[*Cancionero musical de Palacio*, 235]

577

—Comadre y vecina mía,
démonos un buen día.
—Señor vecino y compadre,
con mañana y tarde.

[CORREAS, *Vocabulario*, pág. 430a]

578

—Comadre, la mi comadre,
al coladero sabe.
—A la hé, de vero,
que sabe al coladero.

[MAL LARA, fol. 262]

---

⁵⁷⁶ *colodrillo* 'cogote'.

⁵⁷⁸ Se refiere al *coladero* para colar vino; *a la hé*, *de vero*, 'a fe mía, es cierto'. Las comadres hablan mal del vino después de haberlo bebido.

Si merendares, comadres,
si merendares, llamadme.

Si merendáredes nuegados
y garbanzos tostados,
pues somos convidados,
al repartirlo, avisadme.

Si merendares, [comadres,
si merendares, llamadme].

[Tirso de Molina, *La Santa Juana*, Segunda parte, I 20]

580

Se amassardes, menina da teiga,
dai-me um bolo de mel e manteiga;
se amassardes, Maria do lambel,
dai-me um bolo de azeite e de mel.

[*Auto das regateiras de Lisboa*]

581

Tenga yo salud,
qué comer y qué gastar,
y ándese la gaita por el lugar.

[B. N. M., ms. 3685, fol. 10]

---

[579] *merendares, merendáredes* 'merendaréis'.
[580] "Si amasareis, niña del cesto, dadme un bollo de miel y manteca; si amasareis, María la de la faja, dadme un bollo de aceite y de miel."
[581] *y ándese la gaita por el lugar* "dicho de los que no se les da nada" (Correas).

Ándeme yo caliente,
y ríase la gente.

[GÓNGORA, t. 1, núm. 7]

583

—Di, pastor, ¿quiéreste casar?
—Más querría pan,
   más querría pan.

HOROZCO, *Cancionero*, pág. 139]

584

Lo que me quise, me quise me tengo,
lo que me quise me tengo yo.

[*Romancero general*, núm. 729]

585

Yo que lo sé, que lo vi, que lo digo,
yo que lo digo, lo vide y lo sé.

[LEDESMA, *Conceptos* III, fol. 69]

586

Aunque me veis picarico en España,
señor soy en la Gran Canaria.

[CORREAS, *Vocabulario*, pág. 34b]

587

Que se caiga la torre
de Valladolid,
como a mí no me coja,
¿qué se me da a mí?

[ROJAS ZORRILLA, *Lo que son mujeres*, III]

588

Pues todo lo sabéis vos,
y yo nonada,
decíme lo que soñaba
esta mañana.

[NÚÑEZ, *Refranes*, fol. 99]

589

Por la cola las toma, toma,
Pedro a las palomas,
por la cola las toma, toma.

[TIRSO DE MOLINA, *El pretendiente al revés*, III 17]

590

Rodrigo Martínez,
a las ánsares: «¡ahe!»
Pensando que eran vacas,
silbábalas «¡he!»

Rodrigo Martínez
atán garrido,
los tus ansarinos
liévalos el río.
  «¡Ahe!»
Pensando que eran vacas,
silbábalas «¡he!»

---

⁵⁸⁸ *nonada* 'nada'.

Rodrigo Martínez
atán lozano,
los tus ansarinos
liévalos el vado.
    «¡Ahe!»
Pensando que eran vacas,
silbábalas «¡he!»

   [*Cancionero musical de Palacio*, 12]

591

Que no venís vos para en cámara, Pedro,
que no venís para en cámara, no.

   [*Romancero de la Brancacciana*, núm. 25]

592

Assenteime en un formigueiro:
doucho a demo lo assentadeiro;
assenteime en un verde prado:
doucho a demo lo mal sentado.
         [*Baile del Sotillo de Manzanares*]

593

Tibi ribi rabo,
tibi ribi ron,
tibi ribi rabo
cantaba el ansarón.

El hombre cornudo
siempre va espantado,
y el que está desnudo
no está cobijado,
y el hombre azotado
no ha menester jubón.

---

591 Como dice Covarrubias, se trata de un "cantarcillo notando a
los poco cortesanos".
592 "Sentéme en un hormiguero: doy al diablo ese asiento; sentéme
en un verde prado: doy al diablo lo mal sentado."

Tibi ribi rabo,
tibi ribi ron,
tibi ribi rabo
cantaba el ansarón.

[BARTOLOMÉ PALAU, *Historia de la gloriosa
santa Orosa*, VI]

594

Catalina y Juana y su vecina
son la vecina y Juana y Catalina.

[*Romancero de Barcelona*, núm. 136]

595

Mientras el asno está echado
no puede estar levantado.

[TIMONEDA, farsa *Paliana*]

596

En la cozina estaba el aznu
bailando.

Y dijéronme: —Don azno,
que voz traen cazamiento
y oz daban en ajuar
una manta y un paramiento.
Hilando.

[GIL VICENTE, fol. 227]

597

¡Válame Dios, que los ánsares vuelan,
válame Dios, que saben volar!

[*Romancero general*, núm. 921]

---

[596] Gil Vicente reproduce aquí el ceceo de las gitanas.

PARTE III

ÚLTIMOS ECOS

(Cantares sefardíes)

598

Canta, gallo, canta,
que quiere amanecer;
canta, rusión del día,
que quiere esclarecer.

El gallo cantaba
a la punta del pino;
yo lo manteneré
con azúcar y vino.

Canta, gallo, canta,
que quiere amanecer;
si dormís, parida,
con bien despertés.

El niño lloraba,
el parido reía,
y la bien parida
ella lo criaría.

Aboltés, parida,
de cara al varandado,
verés al parido
dicir *seeheyanu*.

Canta, gallo, canta,
que quiere amanecer;
si dormís, parida,
con bien despertés.

[Molho, págs. 62-63]

---

⁵⁹⁸ *rusión* 'ruiseñor'; *el parido* 'el padre'; *aboltés, parida, de cara al varandado* 'volved, parida, la cara al corredor'; *seeheyanu*: bendición del padre al recién nacido.

Morenica a mí me llaman,
  yo blanca nací;
el sol del enverano
  me hizo a mí ansí.

     Morenica y graciosica
     y mavromatianí.

Morenica a mí me llaman
  los casapicos;
si otra vez me llaman,
  yo les do besicos.

     Morenica y graciosica
     y mavromatianí.

Morenica a mí me llaman
  los marineros;
si otra vez me llaman,
  yo me vo con ellos.

     Morenica y graciosica
     y mavromatianí.

Ya se viste la morena
  y de amarillo;
ansina es la pera
  con el bembrillo.

     Morenica y graciosica
     y mavromatianí.

Ya se viste la morena
  y de vedrolí;
ansina es la pera
  con el *shiftilí.*

     Morenica y graciosica
     y mavromatianí.

[DENAH LEVY, págs. 65-66]

---

[599] *mavromatianí* (griego) 'de ojos negros'; *casapicos* 'carniceros';
vedrolí 'verde'; *shiftilí* (turco) 'durazno'.

Ansí se arrimó
hacia la cama,
a ver si las almohadas
si eran de lana,
a ver la nuestra novia,
si era galana.

—Por Dios, la nuestra novia,
cuerpo garrido,
¿si vos ponís albayalde
o oro molido?

—No me puso mi madre
cosa ninguna:
la cara de la novia
como la luna.

No me puso mi madre
ni albayalde:
la cara de la novia
como el esmalte.

—La onza de la gracia
¿y a cómo la vende?
—No lo vende por onza
ni por cuarterón:
se lo vendo a mi amante
de mi corazón.

[LARREA, pág. 80]

601

¡Oh, qué relumbror de novia hermosa,
que cien años tures bien dichosa!
Venid, mi novia, gozaremos, bailaremos.

—¿Con qué lavás la vuestra cara?
—Me lavo yo con agua rosada.
Venid, mi novia, gozaremos, bailaremos.

[Isaac Levy, pág. 65]

602

¡Qué lindo pelo tienes tú, Rahel!
El pelo tuyo y el pelo mío
¡no se espartirán, Rahel!

¡Qué hermosa frente tienes tú, Rahel!
La frente tuya y la frente mía
¡estarán juntas las dos, Rahel!...

[Alvar, *Cantos de boda*, pág. 310]

603

Ojos que tiene
la reina mora,
ojos que tiene
que a mí me adoran.

[Larrea, pág. 53]

---

601 *tures* 'dures' (vivas).
602 *no se espartirán* 'no se separarán'.

Dicilde al amor,
si me bien ama,
que me traiga el coche
ande yo vaya.

Mas por las arenitas,
que por el arenal,
mas por calles del novio
me haréis andar.

Dicilde al amor,
si me bien quiere,
que traiga la su mula
y que me leve.

Mas por las arenitas,
que por el arenal,
mas por calles del novio
me haréis andar.

Dicilde al amor
que no puede ser,
que llueve menudito,
y me mojaré.

Mas por las arenitas,
que por el arenal,
mas por calles del novio
me haréis andar.

Dicilde al amor
que no puedo andar,
porque se me partió
mi lindo *jaljal.*

Mas por las arenitas,
que por el arenal,
mas por calles del novio
me haréis andar.

Fuérame yo a bañar
    a orillas del río,
y ahí encontré yo, madre,
    mi lindo amigo;
él me diera un abrazo,
    yo le di cinco.

> *Mas por las arenitas,*
> *que por el arenal,*
> *mas por calles del novio*
> *me haréis andar.*

Fuérame yo a bañar,
    y no me bañé;
con el agua de la rosa
    yo me bañaré.

> *Mas por las arenitas,*
> *que por el arenal,*
> *mas por calles del novio*
> *me haréis andar.*

[BENOLIEL, pág. 372]

605

—Esta palomita,
    hermano Atar,
¿cómo la supiti
    de enamorar?

¿Cómo la viera
    su señor padre?
—Cantando y añadiendo
    en el ashuare.

---

⁶⁰⁴ *ande* 'donde'; *me leve* 'me lleve'; *jaljal* (árabe) 'ajorca para el tobillo'.

—¿Cómo la vieran
los sus hermanos?
—Andando y añadiendo
en los ducados.

[ALVAR, *Cantos de boda*, pág. 227]

606

Por el val verde
por el val verde lozano,
la novia, vente a mi lado...

[ALVAR, *Cantos de boda*, pág. 260]

607

En los tálamos de Sevilla
anda la novia en camisa.
Andái quedo.

En los tálamos de Granada
anda la novia en delgada.
Andái quedo.

[LARREA, pág. 83]

608

Debajo del limón la novia,
y sus pies en el agua fría.
Y debajo de la rosa.

Debajo del limón la novia,
y sus pies en el agua helada.
Y debajo de la rosa.

---

605 *supiti* 'supisteis'.
606 *val* 'valle'.
607 *delgada* 'camisa'.

—¿Adónde, mi novia querida?
—A formar con vos guarida.
Y debajo de la rosa.

[LARREA, pág. 31]

609

Ya salió de la mar la galana
con un vestido *al* y blanco.
Ya salió de la mar.

Entre la mar y el río
nos creció un árbol de bembrío.
Ya salió de la mar.

La novia salió del baño,
el novio ya la está asperando.
Ya salió de la mar.

Entre la mar y la arena
nos creció un árbol de almendra.
Ya salió de la mar.

[MOLHO, pág. 24]

610

Mi esposica está en el baño,
vestida de colorado.

Échate a la mar y alcanza,
échate a la mar.

Sí, a la mar yo bien me echaba,
si la serena lecencia me daba.

[Échate a la mar y alcanza,]
échate a la mar.

---

608 *la rosa* es aquí el rosal, como *el limón* es el limonero.
609 *al* (turco) 'rojo'; *bembrío* 'membrillo'.

Mi esposica está en el río,
vestida de amarillo.

Échate a la mar y alcanza,
échate a la mar.

Mi esposica está a la fuente,
vestida un fustán verde.

Échate a la mar y alcanza,
échate a la mar.

Entre la mar y el río
hay un árbol de bimbrillo.

Échate a la mar y alcanza,
échate a la mar.

Entre la mar y la arena
hay un árbol de canela.

Échate a la mar y alcanza,
échate a la mur.

[Isaac Levy, pág. 52]

611

Cuando yo del baño vengo,
del baño de la judería,
y tantas rosas y tantas claveínas
debajo de su camisa.

Yo volí de foja en foja,
para alcanzar una novia galana.
Y linda novia, ¿de ánde volates?
El más lindo novio alcanzates.

---

610 *la serena* 'la sirena'.

Yo volí de foja en foja,
para alcanzar una linda novia.
Y linda novia, ¿de ánde vinites?
El más lindo novio alcanzates.

[MOLHO, págs. 25-26]

612

Que si te fueres a bañar, novia,
lleva a tu madre, no vayas sola;
para quitarte la tu camisa,
para meterte en la agua fría.

Que si te fueres a bañar, novia,
lleva a tu suegra, no vayas sola;
para ponerte la tu delgada,
para meterte en la agua clara.

[ALVAR, *Cantos de boda*, pág. 232]

613

Decía el aguadero:
—Arriba, hermana,
allí está la fuente
del agua clara:
mujer que de ella bebe,
al año preñada.

Decía el aguadero:
—Niña chiquita,
allí está la fuente
del agua viva:
novia que de ella bebe,
al año parida.

[LARREA, pág. 85]

---

612 *delgada* 'camisa'.

Y un amor que yo tenía
manzanitas de oro él me [vendía],
   cuatro y cinco en una espiga,
   la mejorcita de ella para mi amiga.

[Un amor que yo amaba
manzanitas de oro él me daba,]
   cuatro y cinco en una rama,
   la mejorcita de ella para mi amada.

[ALVAR, *Cantos de boda*, pág. 226]

615

La novia destrenza el pelo,
y se desmaya el caballero.

    ¿Quién irá a llamar al novio,
    y quién lo irá a llamar?

—No desmayís, caballero,
que las armas yo las tengo.

    ¿Quién irá a llamar al novio,
    quién lo irá a llamar?...

[ALVAR, *Cantos de boda*, pág. 212]

616

Desde hoy más, mi madre,
la del cuerpo garrido,
tomaréis vos las llaves,
las del pan y del vino,
que yo irme quería
a servir buen marido,

y a ponerle la mesa,
la del pan y del vino
y a hacerle la cama
y a echarle conmigo.

Desde hoy más, mi madre,
la del cuerpo lozano,
tomaréis vos las llaves,
las del pan y del claro,
que yo irme quería
a servir buen velado,
a ponerle la mesa,
la del pan y del claro,
y a hacerle la cama
y a echarle a mi lado.

[ALVAR, *Cantos de boda*, pág. 224]

617

Dicen que lo verde
    no vale nada,
y este nuestro novio
    lo trae a gala.

Uno, dos, tres, cuatro,
cinco, seis, siete:
juego de siempre.

Jugaba la novia
    con su velado,
y en el primer juego
    le dio un abrazo.

Uno, dos, tres, cuatro,
cinco, seis, siete:
juego de siempre.

---

616 *velado* 'marido'.

Jugaba la novia
  con su marido,
y en el primer juego
  le dio el anillo.

  Uno, dos, tres, cuatro,
  cinco, seis, siete:
  juego de siempre.

Jugaba la novia
  con su marido,
y en el primer juego
  le dio en el alma.

  Uno, dos, tres, cuatro,
  cinco, seis, siete:
  juego de siempre.

[LARREA, pág. 86]

618

Aunque le di la mano,
la mano le di,
aunque le di la mano,
  no me arrepentí.

Aunque le di la mano,
la mano al caballero,
  anillo de oro
  metió en mi dedo.

Aunque le di la mano,
la mano al hijodalgo,
  anillo de oro
  metió en mi mano.

[ALVAR, *Cantos de boda*, pág. 282]

619

¡Ay qué lindas avellanitas
que trae el avellanero!
Todas me salieron vanas
las palabras del caballero.

[LARREA, pág. 121]

620

Parióme mi madre
una noche oscura,
poníme por nombre
niña y sin fortuna.

Ya crecen las hierbas
y dan amarillo;
triste mi corazón,
vive con sospiro.

Ya crecen las hierbas
y dan de colores;
triste nací yo,
vivo con dolores.

[ALVAR, *Endechas*, pág. 115]

621

Viento malo y viento dolorido,
mos arribates a buenos maridos.

Viento malo y viento con pesare,
mos arribates a grandes de *cajale*.

Si supiera que el árbol plantara,
de mi casa yo no lo sacara.

---

[620] *poníme* 'púsome'.

Viento malo y viento con oyina,
cuando viene el golpe rabioso
no lleva cura ni melecina.

Y este dolor fue grande, doblado el pesare;
se va un padre de sus hijos,
vacia a su casa y su lugare.

[ALVAR, *Endechas*, pág. 79]

622

Ya amanece, ya amanecía;
los que los picá la muerte
    no se adormían.

Ya amanece en ese campo;
levantáivos, las quemadas,
    y a hacer llanto.

Ya amanece, ya amanecía,
ya amanece y con mucho pesare;
levantad [a] los maridos buenos,
para estar en sus lugares.

Ya amanece con mucha mancilla;
se van los maridos chicos
y no hacen alegría.

Levantái por la mañana,
levantái con mucho sospiro.
Se van mancebos y *anasbas:*
    ni *jupa* ni cirios.

[ALVAR, *Endechas*, pág. 65]

---

[621] *nos arríbates* 'nos arrebatas'; *cajale* (hebreo) 'comunidad, fe-
ligresía'; *oyina* 'endecha'.

[622] *quemadas* parece aludir a las viudas, que se suponen "quemadas"
de tanta pena; *mancilla* 'dolor'; *anasbas* (árabe) 'doncellas'; *jupa*
(hebreo) 'nupcias'.

Háganle, le hagan
vestidos con mucho pesare,
que hoy se departe
de su casa y su lugare.

Háganle, le hagan
vestidos con muchas oínas;
para el golpe rabioso
no halló cura ni melecina.

Háganle, le hagan
vestidos con mucha mancilla;
se van mocitos y *arasbas*,
no hacen alegría.

Háganle, le hagan
vestidos con mucho sospiro;
se van los novios chiquitos
y no crían a sus hijos.

Háganle, le hagan
vestidos con la mucha *alcarja;*
se van los novios chiquitos
y vacian su casa.

[ALVAR, *Endechas*, pág. 67]

624

No me echéis de la tierra
sobre su hermosa frente,
que hoy se desparte
de su casa y de su gente.

---

⁶²³ *oínas* 'endechas, cantos fúnebres'; *mancilla* 'dolor'; *arasbas* (árabe) 'doncellas'; *alcarja* (árabe) 'pena'.

No me echéis de la tierra
sobre sus ojos pintados.
Se van los novios chiquitos,
no crían sus deseados.

[ALVAR, *Endechas*, pág. 81]

---

[624] *pintados* 'hermosos'; *sus deseados* 'sus hijos'.

BIBLIOGRAFÍA E ÍNDICE DE FUENTES*

AGUILÓ.—Marian AGUILÓ, *Cançoneret d'obres vulgars*, Barcelona, 1900. (113)

ALONSO GETINO.—P. FRAY LUIS ALONSO GETINO, "Nueva contribución al estudio de la lírica salmantina del siglo XVI", *Anales salmantinos*, 2 (1929). (429, 433)

ALVAR, *Cantos de boda.*—MANUEL ALVAR, *Cantos de boda judeo-españoles*, Madrid, 1971. (602, 605, 606, 612, 614, 615, 616, 618)

ALVAR, *Endechas.*—MANUEL ALVAR, *Endechas judeoespañolas*, Granada, 1953. (620-624)

ÁLVAREZ GATO.—JUAN ÁLVAREZ GATO, *Obras completas*, ed. J. Artiles Rodríguez, Madrid, 1928. (241, 250)

APARICIO.—BARTOLOMÉ APARICIO, *Obra del pecador*, s.l.n.a. (453)

ANDRADE CAMINHA.—PEDRO DE ANDRADE CAMINHA, *Poesias inéditas*, ed. J. Priebsch, Halle, 1898. (384)

ARBOLANCHE.—JERÓNIMO ARBOLANCHE, *Los nueue libros de las Hauidas*, Zaragoza, 1566. (193)

Auto de *La caída de nuestros primeros padres* (488). Puede verse la canción en FRAY TORIBIO DE BENAVENTE O MOTOLINÍA, *Historia de los indios de la Nueva España*, México, 1941, págs. 89-96.

Auto sacramental *El Cid* (493): *RHi*, 43 (1918), pág. 469.

Auto das regateiras de Lisboa (580): ed. F. M. Esteves Pereira, Lisboa, 1919, dísticos 4-5.

Auto de la Resurrección de Cristo (355): ROUANET, t. 2, página 516.

Auto de los hierros de Adán (364): ROUANET, t. 2, pág. 223.

BAE.—*Biblioteca de Autores Españoles* (de Rivadeneira).

---

* Los números entre paréntesis remiten a los textos de esta antología.

Baile curioso y grave (272): COTARELO, t. 2, pág. 486*b*.

Baile de los locos de Toledo (256): COTARELO, t. 2, pág. 486*a*.

Baile del Sotillo de Manzanares (165, 592): COTARELO, t. 2, página 481*b*.

BALVAS.—*El poeta castellano Antonio Balvas Barona, natural de la ciudad de Segovia*, Valladolid, 1627. (337, 446)

BELMONTE, *Una rana hace ciento* (494): en *Flor de entremeses y sainetes de diferentes autores* (1657), Madrid, 1903.

BENOLIEL.—JOSÉ BENOLIEL, "Dialecto judeo-hispano-marroquí o hakitía", cap. xiii, *BRAE*, 14 (1927), págs. 357-373. (604)

B.N.M.—Biblioteca Nacional de Madrid. Se han utilizado los manuscritos *3685* (447, 566, 581), *3700* (211), *3890* (212, 221, 458), *3913* (82, 106, 268), *3915* (195, 196, 202, 203, 524, 529, 530, 569), *3924* (64, 70, 444), *3951* (329), *4072* (146), *4257* (299, 392), *5566* (194), *17,557* (213, 414), *17,666* (487).

B.N.Nápoles.—Biblioteca Nazionale, Nápoles. (519)

B.N.P.—Bibliothèque Nationale, París. (200)

BRAE.—*Boletín de la Real Academia Española* (Madrid).

BRICEÑO.—LUIS DE BRICEÑO, *Metodo mui facilissimo para aprender a tañer la guitarra a lo español*, Paris, 1626. (491-561)

CAMOENS, *Rimas*.—LUIS DE CAMÕES, *Rimas*, ed. A. J. da Costa Pimpão, Coimbra, 1953. (226)

Cancioneiro de Évora.—*The Cancioneiro de Évora*, ed. A. L. Askins, University of California Press, Berkeley y Los Angeles, 1965. (87)

Cancioneiro de Juromenha.—C. MICHAËLIS DE VASCONCELOS "Mitteilungen aus portugiesischen Handschriften, I", *Zeitschrift für Romanische Philologie*, 8 (1884). (310)

Cancionero del British Museum.—A. H. RENNERT (ed.), "Der spanische *Cancionero* des British Museums (ms. Add. 10431)", *Romanische Forschungen*, 10 (1899), págs. 1-176. (140, 361).

Cancionero classense.—ANTONIO RESTORI, "Il cancionero classense 263", *Rendiconti della Reale Accademia dei Lincei. Classe di Scienze morali...*, Serie Quinta, 11 (1902), págs. 99-136. (104, 117)

Cancionero de la Colombina.—*Cantinelas vulgares puestas en musica por varios españoles*, Biblioteca Colombina (Sevilla), ms. 7-1-28. (73, 537, 559)

Cancionero de Elvas.—O cancioneiro musical e poético da Biblioteca Públia Hortênsia [en Elvas], ed. M. Joaquim, Coimbra, 1940. (127)

Cancionero general, Suplemento.—ANTONIO RODRÍGUEZ-MOÑINO, *Suplemento al Cancionero general de Hernando del Castillo (Valencia, 1511)*, Valencia, 1959. (293)

Cancionero de Herberay.—Le chansonnier espagnol d'Herberay des Essarts (XV siècle), ed. Ch. V. Aubrun, Burdeos, 1951. (176).

Cancionero de Íxar.—Cancionero de Juan Fernández de Íxar, ed. J. M. Azáceta, 2 vols., Madrid, 1956. (157, 274, 342, 416)

Cancionero de Medinaceli.—Cancionero musical de la Casa de Medinaceli (Siglo XVI), ed. M. Querol Gavaldá, 2 vols. Barcelona, 1949-1950. (190, 235)

Cancionero de Módena.—CH. V. AUBRUN, "Chansonniers musicaus espagnols du XVII siècle, II", *Bulletin Hispanique* (Burdeos), 52 (1950), págs. 313-374. (352)

Cancionero musical de Palacio.—Cancionero musical de Palacio, ed. H. Anglés y J. Romeu Figueras, en *La música en la corte de los Reyes Católicos*, ts. II, III, IV-1 y IV-2, Barcelona, 1947-1965. (79, 86, 91, 95, 101, 102, 103, 110, 111, 112, 114, 119, 125, 135, 152, 159, 162, 163, 174, 177, 186, 189, 223, 251, 265, 276, 285, 286, 292, 294, 296, 302, 303, 306, 308, 313, 315, 317, 318, 320, 343, 358, 362, 373, 378, 379, 400, 470, 548, 550, 555, 560, 575, 576, 590)

Cancionero de Nuestra Señora.—Cancionero de Nuestra Señora (Barcelona, 1591), ed. A. Pérez Gómez, Valencia, 1952. (476)

Cancionero de Palacio.—El cancionero de Palacio, ed. F. Vendrell de Millás, Barcelona, 1945. (55)

Cancionero de Peraza.—Cancionero ms. del siglo XVI recogido por Juan Peraza. (107, 134, 385)

Cancionero sevillano.—Cancionero sevillano de la Hispanic Society (ca. 1568), Hispanic Society of America, ms. B2486. (68, 123, 142, 199, 231, 339, 390, 473, 475, 483, 490, 533, 557)

Cancionero *Tonos castellanos.*—Cancionero musical de fines del siglo XVI, ms. de la Biblioteca de Medinaceli. Descrito en GALLARDO, t. 1, cols. 1193-1203. (260)

Cancionero de Turín.—G. M. BERTINI, «El Romancero musical de Turín», en G. M. Bertini, C. Aentis, y P. L. Ávila. *La romanza spagnola in Italia,* Turín, 1970. (214, 238)

Cancionero de Upsala.—*Cancionero de Upsala* (Venecia, 1556), ed. J. Bal y Gay, México, 1944. (85, 155, 220, 340, 366, 386, 552, 556)

Cantares.—*Cantares de diversas sonadas con sus deshechas muy graciosas...,* pliego suelto; en *Cancionero de galanes...,* prólogo de M. Frenk Alatorre, Valencia, 1952. (81, 122, 128, 160, 182, 206, 267, 334, 335, 336, 442)

CÁRCERES, ensalada "La trulla" (167, 236, 433, 477): en FLECHA, *Las ensaladas, 1581.*

Cartapacios salmantinos.—R. MENÉNDEZ PIDAL, "Cartapacios literarios salmantinos del siglo XVI", *BRAE,* 1 (1914). (183, 314)

CASTILLEJO.—CRISTÓBAL DE CASTILLEJO, *Obras,* ed. J. Domínguez Bordona, 4 vols., Madrid, 1926-1928. *(Clásicos castellanos).* (138, 143, 338)

Comedia burlesca *El Comendador de Ocaña* (264): en *Boletín de la Biblioteca Menéndez Pelayo* (Santander), 8 (1926), página 79b.

CORREAS, *Arte.*—GONZALO CORREAS, *Arte de la lengua española castellana* (1625), ed. E. Alarcos García, Madrid, 1954. (88, 90, 228, 319, 327, 383, 398, 404, 506, 507)

CORREAS, *Vocabulario.*—GONZALO CORREAS, *Vocabulario de refranes y frases proverbiales...,* Madrid, 1924 (1627), ed. L. Combet, Burdeos, 1967 (144, 173, 209, 229, 258, 273, 275, 311, 347, 349, 403, 420, 428, 432, 471, 495, 497, 501, 503, 520-523, 527, 534, 535, 540, 535, 540, 546, 549, 558, 567, 570-574, 577, 586)

COTARELO.—EMILIO COTARELO Y MORI, *Colección de entremeses, loas, bailes, jácaras y mojigangas,* 2 vols., Madrid, 1911. *(Nueva Biblioteca de Autores Españoles,* 17, 18)

DIOGO DE COUTO.—DIOGO DE COUTO, *Décadas de Asia; apud* C. MICHAËLIS DE VASCONCELOS, *Romances velhos em Portugal,* pág. 246, nota 1. (353)

COVARRUBIAS.—SEBASTIÁN DE COVARRUBIAS, *Tesoro de la lengua castellana o española* (1611), ed. M. de Riquer, Barcelona, 1943. (83, 406, 417, 436, 481, 514, 516, 545, 563)

CHACÓN, ensalada "El molino" (424): en FLECHA, *Las ensaladas, 1581*

Chistes hechos por diversos autores.—*Chistes hechos por diuersos autores por gentil modo y estilo...*, pliego suelto, ed. Marqués de Xerez de los Caballeros, Sevilla, 1890. (192)

Danza de galanes.—*Cancionero llamado Danza de galanes*, recopilado por Diego de Vera (Barcelona, 1625), Valencia, 1949. (457)

ESTEBAN DAZA.—ESTEBAN DAZA, *Libro de musica en cifras para vihuela, intitulado El Parnasso*, Valladolid, 1576. (166, 321)

DÍAZ DE MONTOYA.—FERNANDO DÍAZ DE MONTOYA, *Aqui comienza una muy graciosa ensalada para la noche de Nauidad...*, pliego suelto, Sevilla, 1603. (489)

JUAN DEL ENCINA, *Cancionero.*—JUAN DEL ENCINA, *Cancionero* (1496), ed. R. Academia Española, Madrid, 1928. (60)

Espejo de enamorados.—*Espejo de enamorados*, ed. A. Rodríguez-Moñino, Valencia, 1951. (105, 227, 237, 266)

Farsa penada (118): en C. MICHAËLIS DE VASCONCELOS, *Autos portugueses de Gil Vicente y de la escuela vicentina*, Madrid, 1922.

FERNÁNDEZ DE HEREDIA.—JUAN FERNÁNDEZ DE HEREDIA, *Obras* (1562), ed. F. Martí Grajales, Valencia, 1913. (141, 216, 242, 246, 271, 289, 301, 525)

FLECHA.—MATEO FLECHA, *Las ensaladas*, ed. H. Anglés, Barcelona, 1955. (345)

FLECHA, *Las ensaladas 1581.*—*Las ensaladas de Flecha, Maestro de capilla que fue de las Serenissimas Infantas de Castilla*, Praga, 1581. (283, 539; cfr. 287, 393)

Flor de enamorados.—*Cancionero llamado Flor de enamorados* (Barcelona, 1562), ed. A. Rodríguez-Moñino y D. Devoto, Valencia, 1954. (245, 291, 325)

FUENLLANA.—MIGUEL DE FUENLLANA, *Libro de musica para vihuela, intitulado Orphenica Lyra*, Sevilla, 1554. (84, 297, 333, 393, 528, 551)

GALLARDO.—BARTOLOMÉ JOSÉ GALLARDO, *Ensayo de una biblioteca española de libros raros y curiosos*, 4 vols., Madrid, 1863-1889.

GÓNGORA.—LUIS DE GÓNGORA, *Obras poéticas*, ed. Foulché-Delbosc, 3 vols., Nueva York, 1921. (108, 305, 389, 582)

267

González de Eslava.—Fernán González de Eslava, *Coloquios espirituales y sacramentales y poesías sagradas* (1610), ed. J. García Icazbalceta, México, 1877. (169, 172, 391, 396, 397, 467, 513, 538)

Luis de Guzmán (330): la comedia está en *Comedias escogidas*, 2.ª parte; la canción, en el fol. 200.

Horozco, *Cancionero*.—Sebastián de Horozco, *Cancionero*, Sevilla, 1874. (197, 324, 415, 438, 583)

Horozco, *Refranes*.—E. Cotarelo y Mori, "Refranes glosados de Sebastián de Horozco", *BRAE*, 2-4 (1915-1917). (517)

Jaime de Huete (368): en U. Cronan, *Teatro español del siglo XVI*, Madrid, 1913.

Diego Hurtado de Mendoza (55).

Don Juan Manuel, *Obras*.—*Obras de don Juan Manuel*, ed. J. M. Castro y Calvo y M. de Riquer, t. 1, Barcelona, 1955. (22)

Laberinto amoroso.—*Laberinto amoroso de los mejores y mas nueuos romances...*, recopilado por Juan de Chen (Barcelona, 1618), ed. J. M. Blecua, Valencia, 1953. (168, 201)

Larrea.—Arcadio de Larrea Palacín, *Cancionero judío del Norte de Marruecos*, III. *Canciones rituales hispano-judías*, Madrid, 1954. (600, 603, 607, 608, 613, 617, 619)

Lasso de la Vega.—Gabriel Lasso de la Vega, *Manojuelo de romances* (1601), ed. E. Mele y A. González Palencia, Madrid, 1942. (562)

Ledesma, *Conceptos*.—Alonso de Ledesma, *Conceptos espirituales*, Madrid, 1602. (153)

Ledesma, *Conceptos* II.—Alonso de Ledesma, *Segunda parte de los conceptos espirituales y morales*, Barcelona, 1607. (499)

Ledesma, *Conceptos* III.—Alonso de Ledesma, *Tercera parte de Conceptos espirituales*, Madrid, 1612. (354, 407, 411, 585)

Ledesma, *Juegos*.—Alonso de Ledesma, *Juegos de Noche Buena moralizados a la vida de Christo...*, Madrid, 1611. (387, 510, 511)

Leitão d'Andrada.—Miguel Leitão d'Andrada, *Miscellanea do sitio de nossa Señora de Luz...*, s. 1., 1629. (248)

León (170): en *Ociosidad entretenida en varios entremeses...*, Madrid, 1668, fol. 12.

FRAY LUIS DE LEÓN. (518)

DENAH LEVY.—DENAH LEVY, *El sefardí esmirniano de Nueva York*, Tesis mimeografiada, México, 1952. (599)

ISAAC LEVY.—ISAAC LEVY, *Chants judéo-espahnols*, prólogo de O. Camhy, Londres, s. a. (601, 610)

FERNÃO LOPES, *Crónica.*—FERNÃO LOPES. *Crónica de D. João I*, tomo 1, Porto, 1945, pág. 225. (56, 57)

SIMÃO MACHADO.—SIMÃO MACHADO, *Comedias portuguesas*, Lisboa, 1631. (419, 421, 463)

FRAY MIGUEL DE MADRID (459): auto *Fiestas reales...*, publicado en *La ciudad de Dios*, 124 (1921).

MAL LARA.—JUAN DE MAL LARA, *La philosophia vulgar...*, Sevilla, 1568. (380, 504, 578)

REYES MEJÍA DE LA CERDA (69): la comedia está en B. N. M., ms. 4117.

MILÁN, *Cortesano.*—LUIS MILÁN, *Libro intitulado El Cortesano...* (1561), Madrid, 1874. (129, 278, 300, 348)

MILÁN, *Libro de música.*—LUIS MILÁN, *Libro de musica de vihuelu de mano, intitulado El maestro...*, Valencia, 1535. (131, 133, 230)

MIRA DE MESCUA (472): en *Autos sacramentales con quatro comedias nueuas...*, Madrid, 1655, fol. 195.

Mojiganga *El Cid* (508): *RHi*, 43 (1918), pág. 479.

MOLHO.—MICHAEL MOLHO, *Usos y costumbres de los sefardíes de Salónica*, Madrid-Barcelona, 1950. (598, 609, 611)

JUAN DE MOLINA.—JUAN DE MOLINA, *Cancionero* (1527), ed. E. Asensio, Valencia, 1952. (426)

MONTEMAYOR, *Las obras.*—JORGE DE MONTEMAYOR, *Las obras...*, Amberes, 1554. (218, 474)

MONTESINO.—FRAY AMBROSIO MONTESINO, *Cancionero de diuersas obras de nueuo trobadas* (1508), edición fascsímil, La fonte que mana y corre, 1964. (210)

MUDARRA.—ALONSO MUDARRA, *Tres libros de musica en cifra para vihuela* (Sevilla, 1546), ed. E. Pujol, Barcelona, 1949. (76, 109, 536)

NARVÁEZ.—LUIS DE NARVÁEZ, *Los seys libros del Delphin de musica de cifra para tañer vihuela* (1538), ed. E. Pujol, Barcelona, 1945. (295, 298)

Nunes.—José Joaquim Nunes (ed.), *Cantigas d'amigo dos trovadores galego-portugueses*, 3 vols., Coimbra, 1926-1928. (23-53)

Núñez, *Refranes.*—Hernán Núñez, *Refranes o proverbios en romance...*, Salamanca, 1555. (500, 541, 553, 588)

Ocaña.—Francisco de Ocaña, *Cancionero para cantar la noche de Navidad...* (1603), ed. A. Pérez Gómez, Valencia, 1957. (249)

Padilla, *Romancero.*—Pedro de Padilla, *Romancero* (1583), Madrid, 1583. (158)

Padilla, *Thesoro.*—Pedro de Padilla, *Thesoro de varias poesias*, Madrid, 1580. (63, 93, 425)

Bartolomé Palau (593): en A. Fernández Guerra, *Caída y ruina del imperio visigótico español*, Madrid, 1883, página 170.

Pastora de Manzanares.—*La pastora de Mançanares y desdichas de Panphilo*, B.N.M., ms. 189. (171, 454)

Pérez Vidal.—José Pérez Vidal, *Endechas populares en trístrofos monorrimos. Siglos XV-XVI*, La Laguna, 1952. (61)

Pisador.—Diego Pisador, *Libro de musica de vihuela...*, Salamanca, 1552. (94)

Pliegos poéticos B.N.M.—*Pliegos poéticos góticos de la Biblioteca Nacional*, 6 vols., Madrid, 1957-1961. (62, 208, 280, 370, 376, 509, 542)

Pliegos poéticos Praga.—*Pliegos poéticos españoles en la Universidad de Praga*, 2 vols., Madrid, 1960. (130, 215, 252)

Poesias barias.—J. H. Hill, "*Poesias barias y recreacion de buenos ingenios*". *A description of ms. 17,566 of the B.N.M.*, Bloomington, 1923. (388)

Quirós.—Francisco Bernardo de Quirós, *Obras*, Madrid, 1656. (502)

Rengifo.—Juan Díaz Rengifo, *Arte poetica española*, Salamanca, 1592. (326)

RHi.—*Revue Hispanique* (París).

Rodrigues Lobo, *Églogas.*—*As eglogas de Francisco Rodrigues Lobo*, Lisboa, 1605. (405)

Fernando de Rojas (222).

Francisco de Rojas Zorrilla (448, 587): en *BAE*, t. 54, páginas 542a, 210a.

Romancerillos de la Ambrosiana.—FOULCHÉ-DELBOSC, "Les romancerillos de la bibliothèque Ambrosienne", *RHi*, 45 (1919), págs. 510-624. (244, 263, 387)

Romancerillos de Pisa.—FOULCHÉ-DELBOSC, "Les romancerillos de Pise", *RHi*, 65 (1925), págs. 153-263. (247, 257)

Romancero de Barcelona.—FOULCHÉ-DELBOSC, "*Romancero de Barcelona*", *RHi*, 29 (1913), págs. 121-194. (445, 492, 594)

Romancero de la Brancacciana.—FOULCHÉ-DELBOSC, "*Romancero de la Biblioteca Brancacciana*", *RHi*, 65 (1925), páginas 345-396. (591)

Romancero general.—*Romancero general* (1600, 1604, 1605), ed. A. González Palencia, 2 vols., Madrid, 1947. (116, 332, 356, 360, 365, 377, 456, 584, 597)

ROMEU, "El cantar...".—JOSÉ ROMEU FIGUERAS, "El cantar paralelístico en Cataluña", *Anuario Musical* (Barcelona), 9 (1954), págs. 3-55. (54, 58, 59)

ROUANET.—LEO ROUANET (ed.), *Colección de autos, farsas y coloquios del siglo XVI*, 4 vols., Madrid, 1901.

LOPE DE RUEDA, *Obras.*—LOPE DE RUEDA, *Obras*, ed. Real Academia Española, Madrid, 1908. (97, 261)

SÁ DE MIRANDA.—FRANCISCO DE SÁ DE MIRANDA, *Obras completas*, ed. M. Rodrigues Lapa, 2.ª ed., 2 vols., Lisboa, 1942-1943. (233, 382)

SALAZAR, *Espejo.*—AMBROSIO DE SALAZAR, *Espexo general de la gramatica en dialogos..*, Ruán, 1614. (350)

EUGENIO DE SALAZAR (219): en GALLARDO, t. 4, col. 373.

SALINAS, *De musica.*—FRANCISCO SALINAS, *De musica libri septem*, Salamanca, 1577. (147, 154, 284, 304, 565)

MIGUEL SÁNCHEZ, *Baile de la maya* (449, 450, 512): en COTARELO, t. 2, pág. 485a.

DIEGO SÁNCHEZ DE BADAJOZ.—DIEGO SÁNCHEZ DE BADAJOZ, *Recopilación en metro* (1554), ed. Academia Española, Madrid, 1929. (148, 180, 479)

SANTILLANA (105, 227, 237, 266).

Segunda parte de la Silva.—*Segunda parte de la Silva de varios romances*, Zaragoza, 1550. (288)

Silva de 1561.—*Silva de varios romances* (1561), ed. A. Rodríguez-Moñino, Valencia, 1953. (124, 402, 440, 455, 531)

LOPE DE SOSA. (554)

Suárez de Figueroa, *Pusilipo.*—Cristóbal Suárez de Figueroa, *Pusilipo...*, Nápoles, 1629. (543)

Tejada de los Reyes.—Gómez Tejada de los Reyes, *Nochebuena. Autos al nacimiento del Hijo de Dios...*, Madrid, 1661. (363)

Timoneda, *Aucto de la Fee* (427): *BAE*, t. 58, pág. 93a; *Los desposorios de Cristo* (465): *Obras*, Madrid, 1948, t. 2, pág. 206; farsa *Paliana* (595): *ibíd.*, t. 3, pág. 139; *El truhanesco* (547): *Cancioneros llamados Enredo de amor, Guisadillo de amor y El truhanesco* (1573), ed. A. Rodríguez-Moñino, Valencia, 1951.

Timoneda, *Sarao.*—Juan Timoneda, *Sarao de amor*, Valencia, 1561. (66, 178, 279)

Tirso de Molina (409, 418, 430, 431, 579, 589): *Comedias*, ed. E. Cotarelo y Mori, Madrid, 1906-1907, t. 1, págs. 342, 429, 620-622; t. 2, pág. 285. *Obras dramáticas completas*, ed. Blanca de los Ríos, Madrid, 1946-1949, t. 2, pág. 283.

Toledano.—Miguel Toledano, *Minerva sacra* (1616), ed. A. González Palencia, Madrid, 1949. (435)

Torquemada, *Colloquios.*—Antonio de Torquemada, *Colloquios satiricos*, Bilbao, 1584. (71)

Fernando de la Torre.—Fernando de la Torre, *Cancionero y obras en prosa*, ed. Paz y Melia, Dresde, 1907. (207)

Trillo y Figueroa.—Francisco de Trillo y Figueroa, *Obras*, ed. A. Gallego Morell, Madrid, 1951. (526)

Lucas de Tuy (1): cfr. R. Menéndez Pidal, "La primitiva poesía lírica española", *Estudios literarios*, Madrid, 1920, página 297.

Valdivielso, *Doce actos.*—Josef de Valdivielso, *Doce actos sacramentales y doce comedias divinas*, Toledo, 1622. (401, 485, 486)

Valdivielso, *Romancero 1612.*—Josef de Valdivielso, *Primera parte del Romancero espiritual*, Toledo, 1612. (145)

Valverde Arrieta.—Juan de Valverde Arrieta, *Dialogos de la fertilidad y abundancia de España...*, Madrid 1578. (422, 423)

Vallés, *Refranes.*—[Mosén Pedro Vallés], *Libro de refranes copilados por el orden del A. B. C...*, Zaragoza, 1549. (77)

Juan Vásquez, *Recopilación.*—Juán Vásquez, *Recopilación de sonetos y villancicos a quatro y a cinco* (1560), ed. H.

Anglés, Barcelona, 1946. (65, 72, 75, 78, 80, 120, 121, 126, 136, 149, 151, 156, 161, 175, 181, 185, 191, 204, 205, 217, 224, 225, 254, 262, 269, 270, 290, 322, 328, 346, 367) .

JUAN VÁSQUEZ, *Villacincos.*—JUAN VÁSQUEZ, *Villancicos y canciones a tres y a cuatro* (1551), extractado en GALLARDO, t. 4, cols. 921-926. (139, 150, 179, 253, 255)

LOPE DE VEGA (115, 164, 198, 316, 323, 351, 359, 372, 408, 410, 412, 413, 437, 452, 460-462, 464, 468, 469, 480, 484, 498, 505, 532, 568): *Obras,* ed. Menéndez Pelayo, Madrid, 1890-1913, t. 2, págs. 48, 164, 184; t. 3, pág. 94; t. 4, pág. 587; t. 5, pág. 215; t. 6, pág. 622; t. 7, págs. 430, 569; t. 9, pág. 29; t. 10, págs. 181, 262, 548; t. 12, pág. 542; t. 15, págs. 300, 590. *Obras,* ed. E. Cotarelo, Madrid, 1916-1930, t. 4, pág. 322; t. 7, pág. 708; t. 8, pág. 240; t. 9, pág. 746.—*BAE,* t. 38, página 240; *BRAE,* 3 (1916), pág. 556; *RHi,* 59 (1923), 105-295, etcétera.

VÉLEZ DE GUEVARA (375, 466, 482).

GIL VICENTE.—GIL VICENTE, *Copilaçam de todalas obras...* (1562), Lisboa, 1928. (67, 74, 89, 92, 96, 98-100, 132, 137, 187, 188, 232, 234, 239, 240, 243, 259, 277, 282, 307, 309, 312, 344, 357, 369, 371, 374, 381, 395, 399, 434, 441, 451, 496, 515, 544, 564, 596)

GIL VICENTE.—*Auto de Inês Pereira* (309): en I. S. RÉVAH, *Recherches sur les oeuvres de Gil Vicente,* II, Lisboa, 1955, pág. 157.

VILA, *Madrigales.*—PEDRO ALBERTO VILA, *Odarum...,* Barcelona, 1560. (184, 281, 331, 439)

Villancicos, Córdoba, 1632. (478)

ANTONIO DE VILLEGAS.—ANTONIO DE VILLEGAS, *Inventario,* Medina del Campo, 1565. (341)

ZARCO CUEVAS.—J. ZARCO CUEVAS, *Catálogo de los manuscritos castellanos de la Real Biblioteca de El Escorial,* 3 vols., Madrid, 1924-1929. (394)

ÍNDICE DE PRIMEROS VERSOS

275

ÍNDICE DE VOCES CASTELLANAS COMENTADAS

Índice

Índice

Colección Letras Hispánicas